『土地』와 공간

토지학회 총서 | 01

『土地』와 공간

토지학회 편저

마로니에북스

발간사

　우리는 지난 해 8월 〈토지〉 완간 20주년에 즈음하여 토지학회를 창립했습니다. 박경리 선생의 문학을 연구하는 사람들이 한데 모여 함께 공부하자는 취지에서 이루어진 일입니다. 근래 몇 년 사이에 한국 근대 역사 모두를 아우르는 총체소설 〈토지〉의 정본이 확정되었고, 작가의 전집 또한 마로니에북스 출판사에서 차례로 간행되기 시작했습니다. 뿐만 아니라, 원주·통영·하동을 중심으로 작가와 그의 문학을 기리는 사업이 활발하게 추진되고 있고 작가의 작품이 러시아·일본 등 해외로 진출하는 양상도 눈에 두드러집니다. 이러한 상황이므로 토지학회의 발족은 오히려 뒤늦은 감이 없지 않습니다. 박경리 선생의 문학에 대한 개별연구의 활성화와 함께 학회 차원의 조직적이고 체계적인 대응이 한층 더 절실하게 요청되는 국면이라고 하겠습니다.
　평론가 김병익 선생은 토지학회 창립대회를 축하하는 강연에서 "이 작품에 끝없이 드러나는 참신성과 거대한 규모에서 비롯되는 문학적 역사적 미학적 철학적 인간론적 소재들에 대한 새로운 연구들을 통해 새로운 학문 과제로 '토지학'이 성립"되길 바란다는 기대를 나타내 주셨습니다. 우리는 새로운 학문 과제로서 '토지학'에 대한 기대가 박경리 선생의 작품과 한국문학을 사랑하는 모든 사람의 한결같은 소망이라고 믿고 그에 부응하고자 합니다. 통상적인 학회지의 발간 대신에 특정한 주제를 다룬 단행본을 연속적으로 발간하기로 한 것도 그러한 노력의 일환으로, 단행본에 수록될 논문이 편집위원회의 엄정한 심사를 거쳐 선정되는 것임은 말할 것도 없습니다.

 우리 학회 편집위원회에서는 앞으로 발간할 단행본의 주제 몇 가지를 이미 확정하여 편집에 들어갔습니다. 전쟁과 사랑, 인물 이야기, 지역문화, 공간, 사상 등의 편집책임자가 정해졌고 학술대회 등을 통해 축적되는 새로운 논문들도 주제나 특성에 따라 적절히 편성될 것입니다. 토지학회는 단행본에 수록될 논문이 처음 어디에 발표되었는지에 대해 구애받지 않기로 했습니다. 학회가 정한 규성에 어긋나지 않으면 모든 연구 업적을 수용하여 명실상부하게 '토지학'의 중심으로서 역할을 다할 것입니다. '토지학'은 박경리 선생의 문학은 물론이고 연관되는 주제와 영역을 다룬 다른 담론들에게까지 넓게 문을 열어놓는 소통의 학문이 되고자 합니다.

 책을 내기까지 마로니에북스 편집부 여러분에게 많은 부담을 지워드렸습니다. 박경리 선생님과의 인연만으로 총서의 출간을 기꺼이 허락해주신 이상만 사장님께도 감사의 말씀을 드립니다. 지속적인 연구와 의미 있는 결과물을 제출하는 것만이 토지학회에 관심을 가져주신 여러분들에게 보답하는 길이라고 믿습니다. 〈토지〉와 박경리 문학, 나아가 한국문학 연구에 더욱 정진할 것을 약속드립니다. 감사합니다.

2015년 9월
토지학회 회장 최유찬

편집자의 말

〈토지〉 총서 1호의 주제는 이 책의 제목이기도 한 '토지와 공간'이다. 소설의 배경이자 역사의 현장인 '공간'들은 〈토지〉에서 하동 평사리부터 진주, 통영, 경성, 나아가 만주와 일본에 이르기까지 폭넓게 확대되어 나타난다. 소설의 공간이 인물들과 동떨어져 있는 것이 아니라 인물들의 삶을 규정하고, 또한 인물들은 소설의 공간에서 자신의 세계를 펼쳐나간다는 점에서 공간 연구, 특히 〈토지〉의 공간 연구는 텍스트를 깊이 있게 이해할 수 있는 주요 지점이라 할 수 있다.

이번 총서 1호 발간을 위해 〈토지〉의 공간 연구 성과를 보여주는 여섯 편의 논문을 선정했다. 여섯 편 중 앞의 세 편은 〈토지〉 전체의 공간과 관련된 총론적 성격의 연구이고, 부산, 경성, 통영을 다룬 뒤의 세 편은 〈토지〉의 특정 공간을 분석한 각론적 연구이다.

정호웅은 「〈토지〉의 공간·인물·주제」에서 공간의 의미를 작품 전체의 주제와 연결시켜 폭넓게 논의한다. 조윤아는 「등장인물의 지리적 이동과 공간의 역동성」에서 〈토지〉의 공간 전체를 지도 작성을 통해 분석하고 있으며, 김진영은 「인간주의 지리학 관점에서의 장소성 프로세스를 적용한 문학지리학 연구」에서 인간주의 지리학에 기반한 작품 분석을 통해 학제간 연구의 가능성을 보여준다.

 김승종의 「박경리의 〈토지〉와 '부산'」, 이승윤의 「〈토지〉에 나타난 식민지 경성의 문화와 근대성의 경험」은 각각 '부산'과 '경성'이라는 공간의 특성이 작품과 어떤 관계를 맺는지를 구체적으로 보여주는 글들이다. 마지막으로 김인숙의 「역사적 공간과 소설적 공간으로서의 '통영 해저터널'」은 보다 미시적인 시각에서 '통영 해저터널'이라는 특정 장소를 분석한 글이다.

 인천과 포항의 두 편집자가 서로 의견을 주고받으며 총서 발간 작업을 진행했다. '공간'의 거리를 좁히며 무리 없이 일을 진행할 수 있었던 것은, 〈토지〉라는 텍스트를 매개로한 우정과 믿음이 있었기에 가능했을 것이다. 편집상의 오류나 책에 문제가 있다면 그것은 전적으로 편집자의 책임이다. 소중한 글을 총서에 실을 수 있도록 흔쾌히 허락해 주신 필자분들께 다시 한 번 감사의 말씀을 올린다.

－책임편집 이승윤, 김원규

차례

발간사 ·· 4
편집자의 말 ·· 6

정호웅 〈토지〉의 공간·인물·주제
   1. 외부세계의 폭력과 폐쇄적 개성 ································ 13
   2. 〈토지〉의 공간과 인물 ·· 17
   3. 지리산의 사상 ·· 31

조윤아 등장인물의 지리적 이동과 공간의 역동성
   1. 공간 지도와 공간 연구 ·· 43
   2. 행위자의 공간 이동과 중심 이동 ···························· 47
   3. 공간 이동과 서술적 특징 ·· 57
   4. 주요 공간 특성의 변모 ·· 66
   5. 공간 연구의 기대와 전망 ·· 75

김진영 인간주의 지리학 관점에서의 장소성 프로세스를 적용한 문학지리학 연구 — 〈토지〉 속 평사리를 중심으로
   1. 서론 ·· 83

2. 인간주의 지리학 관점에서의 장소성 프로세스를
      적용한 문학지리학 연구방법론 ……………………… 84
   3. 사례연구 ……………………………………………… 96
   4. 결론 …………………………………………………… 117

김승종 박경리의 〈토지〉와 '부산'

   1. 들어가는 말 ………………………………………… 125
   2. 침략과 억압 및 수탈의 전초기지로서의 '부산' …… 128
   3. 저항과 투쟁의 공간으로서의 '부산' ……………… 135
   4. 맺는 말 ……………………………………………… 141

이승윤 〈토지〉에 나타난 식민지 경성의 문화와 근대성의 경험

   1. 〈토지〉 연구의 궤적과 공간연구 ………………… 147
   2. 서술 방식의 특성과 경성의 역할 ………………… 152
   3. 경성에서의 도시 경험과 식민지적 근대성 ……… 158
   4. 민족자본 형성의 기대와 절망 …………………… 163
   5. 확장과 응축 – 경성 공간의 이중성 ……………… 172

김인숙 역사적 공간과 소설적 공간으로서의 '통영 해저터널'

   1. 〈토지〉 공간의 미시적 탐구 ……………………… 179
   2. 역사적 사실과 소설 속 담론 ……………………… 184
   3. 〈토지〉의 주요인물들이 경험한 '통영 해저터널' …… 194
   4. 역사적 사실과 소설적 진실 ……………………… 205

〈토지〉의 공간 · 인물 · 주제

정호웅

1. 외부세계의 폭력과 폐쇄적 개성
2. 〈토지〉의 공간과 인물
3. 지리산의 사상

1. 외부세계의 폭력과 폐쇄적 개성

원숙한 장년기 지형이 반도의 남단 한복판에 힘차게 솟아올라 명산 '지리'를 이루었다. 백두에서 시작, 장백산맥과 태백산맥, 소백산맥으로 용트림하듯 굽이쳐 이어내리는 백두대간의 한 축을 감당하고 있는 산. 그러하기에 민족의 영산이라 예로부터 일러왔다.

민족의 영산이란 말이 무기(巫氣) 어린 한갓 꾸민 말이 아님은 물론이다. 여기에는 남녘 사람들의 수천 년에 걸친 삶과 문화가, 그리고 이 모두를 껴안으며 지리준령처럼 힘차게 뻗어내리는 그들의 생명력이 깊숙이 스며있다. 그것은 곧 역사이다. 지리산과 함께 문학이 있어왔음은 그러므로 너무나도 당연하다. 문학이란 곧 역사 전개 속 인간 삶을 다루는 것이 아닌가.

지리산과 관련된 문학으로 첫머리에 나서는 작품은 단연 박경리의 〈토지〉이다. 구한말에서 일제 말까지를 시대 배경으로 남녘 끝머리 하동 평사리에서 진주, 부산, 서울, 간도, 일본에까지 뻗치는 광범한 지역을 공간적 배경으로 한 이 작품은 우리 근대사와 함께 흘러내린 수많은 인물들의 삶을 장강의 흐름과도 같은 도도한 전개 속에 포괄하고 있기에 가히 '총체소설'이라 하여 지나치지 않을 큰 작품이다. 이 작품을 통해 우리는 험난했던 지난 시대 우리 민족이 감당했던 굴곡진 삶의 구체적 모습을 전면적 진실의 차원에서 만나게 된다.

〈토지〉는 또한 삼십 년이 넘는 긴 세월, 소설 창작에 자신의 온 삶을 건 작가 박경리의 문학 세계 전체가 통합되어 이루어진 작품이다. 〈토지〉론은 곧 박경리론인 것이다. 〈토지〉의 올바른 이해를 위해선 그 이전 작품들에 대한 고찰이 필요한 것이다.

박경리 문학의 출발점은 6.25이다. 한국 사회를 근본 규정하는 분단 상황을 결정지은 것이 6.25이기에, 엄청난 인명 손실과 재산 피해를 초래한 전쟁의 충격이 채 가시지 않은 폐허의 50년대는 물론이거니와 이후 오늘에 이르기까지 그것은 우리 문학의 중요한 소재의 하나로 다루어져왔다. 통칭 분단 문학은 전쟁의 참상을 직접적으로 보여줌으로써 반공, 반전사상을 고취코자 하는 소박한 휴머니즘에 기초한 작품에서부터 6.25와 그 전후의 역사 전개의 실체를 총체적으로 담아내려는 참된 의미의 로만(Roman)에 이르기까지 다양한 경향들을 포괄하고 있거니와, 그러하면 박경리 문학의 출발점으로 자리 잡고 있는 6.25란 무엇인가?

박경리 문학에 있어 6.25는 갑작스럽게 닥쳐 평화로운 가정을 파탄시키고, 살아남은 사람들을 엄청난 궁핍과 고독 속에 떨어뜨린 외부 세계의 횡포한 폭력이다. 초기소설의 상당수가 9.28수복 전야에 남편이 폭사함으로써 힘겨운 생활 전선에 뛰어들게 된 젊은 미망인과 친정어머니, 그리고 어린 외동딸 세 사람이 구성하는 '파괴된 가정'을 기본 형식으로 취하고 있는 데서 이 같은 사실은 뚜렷하다. '악몽과 같은 전쟁'이라 말해지는 6.25는 그러니까 박경리의 소설에서는 구체적인 역사적 실재로서가 아니라 구체성과 역사성이 배제된 외부 세계의 폭력으로 존재하는 것이다. 그러므로 굳이 6.25일 필요는 없다. 외부 세계의 폭력은 여러 양상으로 변주되어 나타나기도 한다. 때로는 돈이 지배하는 냉혹한 현실 논리로, 거칠고 야비한 사내들의 짐승 같은 욕정으로, 때로는 운명과도 같아 거역할 수 없는 무형의 힘으로.

박경리는 초기소설에서 그 같은 외부 세계의 폭력을 탐사, 밝혀드러내는 데는 크게 관심을 두지 않는다. 뿐만 아니라 정면으로 맞서 그것을 극복하고자 하지도 않는다. 다만 자존심의 울안에 도사려 굴복하지 않을 뿐이다. 〈토지〉 이전 작품들의 대부분은 외부 세계의 폭력으로부터 자신을 지키고자 힘겨운 싸움을 벌이는 수려한 용모의 이지적이고 자존심 강한 여성의 내면 심리를 그리는 데 집중하고 있는 것이다.

그렇기 때문에 박경리 초기소설의 주인공들은 고독하다. 폭력적인 외부 세계의 질서에 타협할 수 없기에, 그 질서에 맞춰 살아가는 사람들과의 어울림은 '거겁(거북)'하기에 고독할 수밖에 없다. 그런데 그 같은 고독은 구체적인 현실 상황에 말미암기도 하지만 보다도 인간에게 운명 지어진 근원적인 성격의 것이다. 구체적 현실 상황은 다만 그것을 촉발하는 계기로서만 가능할 뿐이다.

> 누구나 다 몇 만 년을 살지는 못합니다. 속된 말이지만 사람은 늙어나 젊어나 죽어갈 수밖에 없지요. 사람은 살아 있는 동안에도 각각 떨어져서 떠내려가는 외로운 섬입니다. 어렵게 생각지 마십시오. 사람의 인연이란 혈육이건 혹은 남이건 섬과 섬 사이의 거리, 그러한 원근(遠近)에 지나지 못합니다. 내 것이란 있을 수 없습니다. 모두가 다 외롭게 떠내려가야 하는 섬입니다.[1]

전직 교수이며 상류 계층 출신인 신문사 논설위원 상현의 말이다. 인간에게 운명 지어진 고독을 겸허하게 수락할 때 개성의 주체적 자각과 확립이 가능하며 그럼으로써 타인과 또는 세계와의 진정한 관계 맺음이 기대될 수 있다. 그러나 박경리 초기 소설의 인물들에 있어 그 같은 고독의 수락은 "우주 속 먼지 같은 나"라는 허무주의적 자아 인식에 연결되어 있어 타인과 세계와의 관계

---

[1] 박경리, 〈표류도〉, 마로니에북스, 2013, 272쪽.

맺음을 처음부터 거부하는 완강히 폐쇄된 성격의 것이다. 그러므로 〈불신시대〉(1957)의 주인공 진영이 남편과 외아들의 비극 속에서 몸을 일으켜 "그렇지 내게는 아직 생명이 남아 있었지, 항거할 수 있는 생명이"라 하며 꿋꿋한 삶을 다짐하고 〈표류도〉(1959)의 주인공 현희가 "내 생명이 있기 위하여 나를 변혁(變革)시켜야 한다"라는 생각을 품지만, 그것은 다시 현희의 말에서 분명하듯 "보다 강한 자기의 개성을 만"드는 데에서 벗어나지 못하고 만다. 즉 현실 세계와의 관계 맺음을 전제한 개성의 확립이 아니라 폭력적인 현실 세계로부터 자신을 지키기 위한 폐쇄적 성격의 개성 확립인 것이다. 박경리 초기소설의 주인공들이 현실 세계에 대해 가지는 적대감은 폭력적인 현실 세계를 개선코자 하는 진정한 의미에서의 대결의식과는 사뭇 멀찍이 떨어져 있다.

박경리 초기소설의 이러한 특성은 현저히 사적인 차원의 것이다. 우리 소설사에서는 보기 드물게 인간의 내면을 깊이 있게 통찰, 그려냄으로써 소설사를 살찌웠지만, 그러나 인간의 내면이라는 것 또한 역사적으로 규정되는 객관 현실과의 관련 아래서만 정당하게 파악될 수 있는 것이라면, 사적 차원에 머무는 그 같은 내면 통찰은 명백한 한계를 갖는 것이 아닐 수 없다. 초기소설 주인공들의 연장선상에 놓인 〈김약국의 딸들〉(1962)의 김약국, 용빈 그리고 평판작 〈시장과 전장〉(1964)의 하기훈, 남지영 등의 내면 통찰 또한 이에서 크게 벗어나지는 못하였으니 이 같은 측면은 정히 박경리 문학의 기본항이면서 또한 동시에 그 맹점이기도 한 셈이다.

이처럼 사적 차원에서의 내면 통찰이 폐쇄된 것에 대응하여 박경리 초기소설은 사소설적 성격을 뚜렷이 드러내고 있어 흥미롭다. 양자는 상호 규정적인 관계에 놓여 있을 것인데 이에 대한 고찰은 이후 박경리론의 한 과제일 터이다.

〈김약국의 딸들〉은 박경리 소설이 사소설적 차원을 벗어나게 되는 분기점에 자리 잡고 있다는 점에서 주목되는 작품이다. 우리의 출판 풍토로는 드물게 전작 출간된 이 작품은 충무의 토착 양반인 김약국 일가의 파멸을 냉철한 붓끝으로 그려낸 박경리의 출세작인데 이를 지배하는 것은 운명이다. 작품 초두의 살인과 자살, 거기에 덧씌워진 "비상 먹은 자손은 지리지(번식) 않는다"라는 저주와도 같은 주위의 수군거림, 그리고 점쟁이의 점괘가 드러내 보이는 수많은 원귀들의 원한 등이 구성하는 샤머니즘적 질서(인과관계)에 의해 김약국 집안은 여지없이 몰락한다. 비록 사소설의 테두리를 벗어나 시간적, 공간적 영역의 확장은 이루었지만 여기서도 작가의 관심은 사회, 역사적 측면과의 관련, 예컨대 일본 제국주의의 침탈에 의한 토착 자본의 붕괴라는 당대 역사 전개의 일반성에는 거의 미치지 않는다. 대작 〈토지〉는 어떠한가?

2. 〈토지〉의 공간과 인물

〈토지〉는 역사소설인가. 작가는 "작품을 쓸 때 미리 어떤 역사적인 사실을 전제해두고 거기에 개인을 맞추어 넣지는 않"[2]기 때문에 그렇지 않다고 대답한다. 〈토지〉를 역사소설의 잣대로 재려는 여러 사람의 시도에 대해 불만을 토로하는 것은 따라서 당연하다. 그러나 어떠한 개인의 삶도 역사 전개의 객관적 규정성으로부

---

[2] 김치수, 「박경리와의 대화」, 『박경리와 이청준』, 민음사, 1982, 172쪽.

터 전적으로 자유롭지는 못한 것이기에 박경리의 이 같은 창작 방법은 근본에서 문제점을 지닌 것이다. 역사 전개의 객관적 규정성에 대한 고려의 불철저함은 작가가 탐구코자 하는 개개인의 삶에 대한 왜곡된 이해를 또는 추상화를 초래하기 십상이다. 생의 한 단면을 해부, 핵심만을 날카롭게 건져 올리는 단편일 경우는 덜하겠지만 총체성 획득을 지향하는 장편, 특히 〈토지〉와 같은 대하장편일 경우 심각한 양상을 빚어내게 될 것임은 자명하다. 〈토지〉의 역사소설로서의 성취를 분석한 우수한 논문들이 여러 편3)이 이미 나와 있어 이러한 창작 방법의 문제점에 대해서는 이제 더 이상의 논의가 필요 없을 듯하다.

필자의 관심은 이 같은 창작 방법의 소설 미학적 문제점이 아니라 그로 인해 야기된 또는 그것을 뒷받침하는 제 양상을 분석하는 일이다.

먼저 무대의 폐쇄성. 1부의 중심 무대인 평사리는 땅 끝머리 오지의 농촌마을이다. 바깥 세상을 이어주는 통로는 하동으로 연결되는 섬진강 둑길과 나룻선, 그리고 지리산(지리산은 겉으로는 평사리보다 더 폐쇄된 곳이지만 이 속에 살고 있는 사람들의 외부 세계에 대한 지대한 관심으로 인해 오히려 열려 있다.)을 잇는 외줄기 길뿐이다. 이처럼 폐쇄된 이 마을은 만석꾼 최참판댁을 정점으로 빈틈없는 봉건적 신분관계와 토지 소유관계를 유지하며 시대의 격랑에서, 그야말로 천리나 벗어나 있다.

---

3) 염무웅, 「역사라는 운명극」, 『민중시대의 문학』, 창작과비평사, 1979. / 서정미, 「〈토지〉의 한과 삶」, 『창작과비평』 56호, 1980. 여름호. / 김철, 「운명과 의지-〈토지〉의 역사 의식」, 『문학의 시대』 3권, 1986. / 김성희 · 성은애 · 이명호, 「〈토지〉에 나타난 여성 문제 인식과 역사 의식」, 『여성』, 1989. 등.

이 폐쇄된 공간에 격동하는 시대의 호흡이 전해지는 것은 장바닥을 떠도는 또는 주막을 거쳐 가는 나그네의 입에서 떨어지는 불분명한 풍문의 형태로서이다. "평생 등 빠진 적삼에 보리죽"4)을 벗어날 수 없는 소작농 신세는 못한다고 등짐장수로 몇 년 외지를 떠돌았던 칠성이 과격한 언사로 양반지주의 권위에 도전하는 충격적인 면모를 보이지만, 인간의 도리를 제대로 못 지키는 그 자신의 약점과 신분 질서와 토지 소유 문제를 논리화할 수 없는 무지 때문에 어떤 영향도 마을 주민들에게 미치지 못한다. 오히려 재물욕에 사로잡힌 그의 추악한 면모로 인해 기존의 질서가 더욱 강해지는 역설적인 현상조차 초래된다. 돌연히 나타나 평사리 공동체를 파괴하는 조준구의 경우도 이와 흡사하다. 철저한 악인으로 설정된 조준구에 대한 농민들의 반응은 그의 친일성과 비인간적 만행으로 인해 철저히 적대적이다. 그 또한 평사리의 기존 질서를 충격하는 외부 세계와의 통로로서의 역할은 거의 수행하지 못하는 것인데, 그가 평사리 공동체를 파괴시키는 것이 간악한 흉계를 통해서 이루어진다는 사실이 기억되어야만 한다. 이에 비할 때 떠돌이 목수 윤보의 경우는 조금 다르다. 마을 사람 모두의 사랑과 존경을 받는 처지이기에 그가 전하는 바깥세상 이야기는 진지하게 받아들여진다. 그러나 그 또한 칠성이와 마찬가지로 무식하여 바깥세상의 변모를 객관적 관점에서 체계적으로 파악할 수 있는 능력이 결여되었기에, 단편적 체험만을 전해줄 뿐이다. 보다 궁극적인 것은 그가 "머니머니해도 젤 좋은 건 날라댕기는 새라"5)라는

---

4) 박경리, 〈토지〉 1부 1권, 마로니에북스, 2012, 95쪽.
5) 박경리, 〈토지〉 1부 1권, 위의 책, 126쪽.

인식을 가진 뿌리 없는 자유인으로서 바깥세상의 변모를 평사리 농민들의 구체적 삶과 관련지어 받아들이지 못한다는 점이다.

> 농부도 교도도 아닌 윤보에게 그들과 공통점이 있었다면 그것은 신분이었고 직접적인 이해관계가 없을 뿐만 아니라 야심이 없었던 만큼 그네들보다 여유가 있었다면 있었다 할 수도 있겠고 순수했다면 순수했다 할 수도 있을 것이다. 그러나 무식한 윤보가 혁명에 대한 자각을 가졌었던지 그것은 의심스럽고 그의 행동을 일종의 협기(俠氣)로 보는 편이 더 정확하지 않을는지.6)

농민전쟁으로 발전되어가던 역사의 한복판에 섰던 윤보의 행동에 대한 작가의 진단이다 "줄곧 그 대열에서 우레 같은 소리를 지르며 박달나무같이 건장한 몸을 날려 무리들을 선동하고 사기를 돋우며 언제나 앞장섰"7)던 그의 과격함이 봉건적 모순 혁파를 맨 앞에 내세웠던 동학농민전쟁의 핵심 성격에서 벗어난, 협기에서 비롯된 일종의 신명 떨기에 지나지 않았다는 사실은 그 또한 평사리의 폐쇄된 공간을 외부 세계와 연결시키는 통로로서는 대단히 불충분한 인물임을 뚜렷이 증거한다. 게다가 작가는 그의 작용에 이루어졌음직한 농민들, 특히 그와 가장 가까운 용이 등의 의식 변모에 대해서는 전혀 관심두지 않았으니 그 또한 스쳐가는 풍문에 불과했던 것이다.

이처럼 칠성, 조준구, 윤보 등이 농민들에게 미친 영향이 거의 없었던 것처럼 문의원, 조준구, 이동진 등이 마을의 상층에 자리 잡은 최치수와 김훈장, 윤씨부인 등에게 미친 영향도 거의 없었

---

6) 박경리, 〈토지〉 1부 1권, 위의 책, 129쪽.
7) 박경리, 〈토지〉 1부 1권, 위의 책, 128쪽.

다. 이미 허무주의의 독소가 골수에 박인 최치수나 완고한 근왕주의자인 유생 김훈장에게 외부 세계의 변화는 한갓 조소거리이거나 비분강개의 대상으로만 받아들여졌고, 윤씨부인은 자신이 짊어진 죄업의 무게 때문에 거기에 관심 둘 여지조차 없었던 것이다. 요컨대 평사리의 폐쇄성은 격동하는 당대 역사 전개는 아랑곳없이 완강하게 유지되었던 것이니 〈토지〉 1부가 당대 역사 전개의 일반성을 담지해내지 못함으로써 역사소설로서의 면모를 제대로 갖추지 못한 궁극적 원인은 이에 있었다. 1부의 이런 측면은 서울, 부산, 간도, 일본 등으로 무대 확장이 이루어지는 2부 이후에도 여전히 마찬가지인데 다음에서 살펴볼 문제점들 때문인 것으로 판단된다. 이것들이 1부에도 해당되는 것임은 물론이다.

  최씨 집안의 흥망성쇠에 지나친 무게 중심이 놓여 있으며 이를 일관하여 윤리적, 심리적, 운명론적 차원에 편향된 시각으로 그려내고 있는 점.

  이 작품의 중심인물은 서희이다. 서희는 최참판댁 마지막 혈손으로 집과 토지를 되찾고 지키는 데 온 삶을 집중하는 인물로서 그녀의 생애가 작품의 골격을 이룬다. 이 점에서 〈토지〉는 일종의 '여자의 일생'형 소설이라 할 수 있다. 그런데 '(만석 살림 형성)-집안어른들의 죽음-조준구의 개입-몰락-간도행-고향 회귀' 등으로 이어지는 그녀의 삶이 그리는 여로는 한국 근대사 전개의 한복판을 통과하며 제 사건들과 종횡으로 만나긴 하지만 양자의 유기적 관련성은 몹시 희미하다. 그녀의 여로를 근본 규정하는 것은 우리 근대사 전개의 일반성이 아닌 것이다. 그렇다면 무엇인가. 샤머니즘적 운명론이며 어쩔 수 없는 우연한 질병이며 악인의 흉계이며 그리고 강인한 개성의 치떨리는 원한과 끈질긴 집념이다.

서희가 태어나기 전에 이루어진 괄호 속, 최씨가의 만석 살림 형성은 동시에 필연적 몰락을 잉태한 것이었다. 재물에 대한 모진 집착이 만석 살림을 일구었지만 한편으로는 인력으로는 달랠 수 없는 사무친 원한 또한 부지기수로 생겨났다.

흉년이 들어 죽어가는 자식들을 보다 못해 최씨네 문전에 엎드려 구걸했으나 거절당한 한 과부가 남긴 저주.

> 오냐! 믹일 기이 없어서 자식새끼 거나리고 나는 저승길을 갈 기다마는 최가 놈 집구석에 재물이 쌓이고 쌓이도 묵어줄 사램이 없을 긴께, 두고 보아라!8)

이 원한에 사무친 저주는 그대로 최씨가의 운명이 되어 이후 5대 독자에 겹치는 요절, 그리고 마침내 서희를 마지막으로 대가 끊기고 말았다. 〈김약국의 딸들〉을 연상시키는 이같은 샤머니즘적 운명론이 서희의 여로를 아득한 과거로부터 규율하고 있는 것이다. 또한 최씨가를 버티던 윤씨부인은 호열자에 희생되고 말며 초일(超逸)한 능력을 타고난 이 집안의 당주 최치수로 하여금 생식 능력을 잃게 되는 방탕으로 몰아넣고 염세적 허무주의의 늪에 빠져들게 한 것은 동학장수 김개주와 윤씨부인의 우연한 인연이며, 서희의 재기를 가능케 한 용정에서의 상업적 성공 또한 화재와 전쟁이란 그녀로서는 우연한 사건 때문이었다. 최씨가의 운명적 몰락을 현실화시킨 것은 한 악인의 흉계였으니, 그것은 〈김약국의 딸들〉에서 김약국 집안의 여지없는 몰락과 마찬가지로 역사 전개의 일반성, 즉 일본 제국주의의 침탈에 의한 토착 자본의 붕괴와

---

8) 박경리, 〈토지〉 1부 1권, 위의 책, 286쪽.

는 아무런 관련이 없다. 그리고 이 모두와 함께, 서희의 여로를 끝끝내 지탱한 것은 그녀의 원한과 집념이다.

> '어쩔 수 없는 일, 나는 가야 해. 돌아간다는 것은 이미 정해진 일이 아니냐. 십 년 동안 이를 갈았다. 아니 십오 년 동안 이를 갈았다. 원한에 맺힌 세월을, 원한대로였다면,' 원한대로였다면 밤낮으로 이를 갈아 이빨 하나 남지 않았을 것이란 생각을 한다. 남지 않았을 것이다.[9]

조준구와 그의 처 홍씨에 대한 서희의 원한과 이들을 알거지로 만들고 빼앗긴 재산을 되찾겠다는 집념이 그녀의 여로를 끝끝내 지탱케 했다. 남편과의 헤어짐을 감수하면서도 복수를 위해 귀국하는 저 도저한 원한과 집념은 그러나, 얼마나 주관적 차원의 것인가.

이렇듯 〈토지〉의 골격을 이루는 서희의 여로는 운명론적, 윤리적, 주관적 차원에 폐쇄되어 있어 당대 역사 전개의 일반성으로부터 멀찍이 벗어나 있다. 더욱이 그녀의 여로는 작품 전개의 한복판을 관통하며 그녀처럼 압도적으로 군림하고 있어 다른 인물들의 삶은 대중적으로 위축되고 말았으니, 이런 측면이 더욱 뚜렷해졌다.

이와 함께 많은 연구자들이 지적하듯이 이 작품을 일관하는 운명론적 세계관이 역사소설로서의 성취를 가로막았다. 〈토지〉를 읽으며 가장 빈번히 만날 수 있는 관념어는 아마도 인연일 터이다. '전생의 인연', '업', '무서운 인연', '쿠사레엔(썩은 인연)' 등등. 〈토지〉를 관통하는 불교적 윤회관에 바탕한 인연론 또는 운명론은 1부의 '마을 아낙들'장에 나오는 재상과 재상부인과 사기장수

---

[9] 박경리, 〈토지〉 2부 4권, 위의 책, 140쪽.

에 얽힌 민담을 통해 규정적으로 제시되는데 요컨대 인간은 인연의 그물에서 벗어날 수 없다는 것이다. 이 같은 불교적 운명론은 천년 넘는 세월, 한민족의 삶을 동반한 불교의 영향으로 우리의 의식 깊숙이 스며들어 있는 호흡의 일부이며, 이점에서 작중 인물을 통해 운명론적 세계관이 피력되는 것은 자연스럽다. 문제는 이것이 작가의 세계관의 중요한 한 부분이어서 작품 세계를 지배하는 경우일 터인데, 〈토지〉가 바로 이에 해당한다. 이런 운명론은 인간 삶을 역사 전개의 객관적 규정성과 무관한 별개의 것으로 이해하도록 이끄는 것이라는 점이 무엇보다 문제적이다. 이에 대해선 이미 여러 차례 언급했으므로 재론을 피하거니와, 〈토지〉에서 확인되는 우연한 만남의 남발 또한 이와 무관하지 않다. 뿐만 아니라 운명론은 또한 허무주의를 자체 내에 배태하고 있다. 인간이란 "조물주가 한번 노했다 하면 자망(刺網)에 걸린 멸치 꼴"10)에 다름 아닌 존재라는 해도사의 말에서 분명하듯, 조물주가 관장하는 우주 질서 속, 인간이 칼그물에 걸린 한 마리 멸치꼴이라는 인식은 좌절과 체념을 정당화하여 허무주의의 끝 모를 심연 속으로 도피케 해주는 든든한 받침대로 작용하기도 하는 것이다.

   지금까지 우리는 〈토지〉의 역사소설로서의 성취를 가로막는 제요인들에 대해 검토해왔다. 이제 이 모두를 뒷받침하는 등장인물들의 성격의 특이함에 대해 살펴보기로 한다.

   1장에서 이미 논급했듯 박경리 초기소설의 주인공은 거의 예외없이 수려한 용모의 이지적이고 자존심 강한 여성으로 설정되어 있다. 그녀들의 강한 개성은 세파를 헤쳐 가는 고통 속에서 단련되어 더욱 견고해지는데, 이처럼 강한 개성의 소유자가 무더기로

---

10) 박경리, 〈토지〉 4부 2권, 위의 책, 55쪽.

등장, 날카롭게 갈등하며 복잡다기한 문제를 파생하고, 그 얽힘이 굽이쳐 흘러 이루어진 작품이 바로〈토지〉이다.
　우선 주인공인 서희. 이미 앞장에서 그녀의 잔인할 정도로 강한 집념을 보았거니와 그 개성의 강렬함은 자신을 위해 현실의 왜곡조차 서슴지 않는다.

> 서희는 그 명석함도 자기 야심과 집념의 도구로 삼으려 했을 뿐 자신에게 합당치 못한 현실에 대해서는 아무리 그 총명이 뚫어본 사실일지라도 인정하지 않으려는 완명(頑冥)한 고집 앞에 이성은 물거품이 된다. 그에게는 꿈이 없다. 현실이 있을 뿐이다. 자기 자신을 위해 왜곡된 현실만이 있을 뿐이다.[11]

　자신의 총명으로 뚫어 본 현실조차도 자신의 야심과 집념의 도구로 합당치 않으면 왜곡해버리는 고집불통의 여인, 그것으로 그녀는 힘든 여로를 헤쳐 나갈 수 있었다. 게다가 총명하고 위엄 있는 천품과 수려한 용모를 갖추었으니 〈토지〉의 수백 명 등장인물의 여왕으로 군림할 만하다. 길상은 어떠한가. "비록 신분이 얕고 천애고아이나 조물주께서 선험(先驗)을 풍부히 부여한 운명아"[12], 준수한 용모, 굳고 듬직한 심지, 감성과 이성이 조화된 깊고 넉넉한 내면을 갖춘 사나이, 그리고 마침내는 상전 아씨의 남편이 되고 '지도자', '우상'으로 사랑받고 존경받는 인물이다. 평생의 죄업을 감당하며 최씨가를 지켜내는 윤씨부인, 그 어머니와 대결하여 스스로를 파괴하고도 끝내 물러서지 않는 최치수, 테러의 피맛에 취해 일세를 휩쓸었던 풍운아 김개주와 그 아들 김환, 허무의

---

11) 박경리, 〈토지〉 1부 4권, 위의 책, 219〜220쪽.
12) 박경리, 〈토지〉 1부 4권, 위의 책, 138쪽.

바닥까지 닿고서야 비로소 몸을 일으키는 이상현, 일에 신명 들면 미치는 성미의 공노인, 평생의 기묘한 사랑을 이어가는 용이와 월선, 탐욕의 화신 임이네 등등. 심지어는 한갓 주변 인물에 불과한 사람들, 예컨대 자부심으로 평생을 버티는 장고잡이 황노인, 골수에서부터 사냥꾼이며 두메의 출생 비밀을 속이려 자기가 살인 죄인이라도 안 그랬을 "필사적인 도피"[13]를 행하며 마침내는 자살조차 감행하는 강포수 등등. 등장인물 거의 모두가 강렬한 개성의 소유자들인데, 이 같은 사실은 언뜻 생각하여 이들 모두가 살아 생동하는 개성적 성격 창조의 모범으로 보일 수 있다. 그러나 필자의 판단으로는 지나치게 개성적이어서 소설이 포용하기 어려운 극적(劇的) 차원으로 넘어서고 만 성격 창조가 아닌가 한다.

무엇보다도 집념의 화신 서희가 그러함은 앞에서 살핀 대로이다. 여기서는 그녀의 맞수로서 작품 전반부 서사 전개의 주요 인물 가운데 하나인 조준구를 통해 이를 검토해 보기로 하자. 자신의 안락을 위해 민족도 배반하고 친척의, 남편의, 아비의 도리조차 팽개치는 인물, 그럼에도 조금의 죄의식도 부끄러움도 못 느끼는 철두철미 악의 화신. 이런 인물도 현실 속에 존재할 수 있을까? 물론 그럴 것이다. 그러나 이 같은 성격은 지나치게 강렬하여 마치 하나의 상징과도 같으니 두 강렬한 성격의 충돌과 거기서 비롯되는 운동성을 본질로 하는 극문학에서는 혹 모를까 소설적(특히 장편) 인물로는 부적합하다. 지나치게 강렬하여 타인과의, 또는 세계와의 관계 맺음이 애당초 제약당하기 때문이다. 서정미 교수가 지적한 대로 '현실적 물질성이 희박'[14]한 성격이기 때문에

---

13) 박경리, 〈토지〉 2부 3권, 위의 책, 291쪽.
14) 서정미, 「토지의 한과 삶」, 이상신 편, 『문학과 역사』, 민음사, 1985, 163쪽.

객관적 현실의 규정성을 벗어나 추상화되고 마는 것이다. 총체성 파지를 겨누는 소설의 주인공은 중도적 인물이어야 한다는 루카치의 지적이 새삼 실감나는데, 소설의 주인공은 다양한 욕망과 그것을 실현하려는 제 세력의 한가운데를 여행하며 그 모두의 갈등과 모순을 한 몸에 체현하고 있는 인물이어야만 한다는 것이다. 그것은 곧 주인공을 중심축으로 한 다양한 관계의 그물이 소설이고 그것의 직조가 소설 쓰기라는 의미일 것이다. 그러나 〈토지〉처럼 몇몇 중심인물에 국한되지 않고 등장인물 상당수가 이렇듯 극적 성격을 지니고 있다면 역사 전개의 객관적 실체를 총체적으로 형상화하는 올바른 의미에서의 역사소설로는 애당초 성립할 수 없을 터이다.

마지막으로 조선조 봉건 사회의 급속한 해체기를 신분 질서의 해체 측면에 지나치게 치우쳐 파악하고 있다는 점을 또 하나의 문제점으로 지적할 수 있겠다.

수백 명의 인물들이 부침하며 무수한 갈등의 고리를 엮어 광대한 소설 공간을 구축하는데 그 갈등의 핵심에는 신분 문제가 자리 잡고 있다. 신분 질서가 엄격히 지켜지던 시대라면 이로 인한 갈등은 한갓 예외적인 것에 지나지 않는다. 그러나 봉건 사회의 급속한 해체과정을 통과하고 있던 당대에 있어 신분 문제로 인한 갈등은 역사전개의 본질에서 비롯한 당연한 현상이었다. 서희와 길상, 월선과 용이, 윤씨부인과 김개주, 별당아씨와 김환, 홍이와 보연, 조용하와 명희, 영광과 혜숙 등등, 봉건적 신분 질서를 벗어난 결연이 무더기로 설정되어 전환기의 양상을 선명하게 떠올린다. 엄혹한 신분 질서에 의해 오랜 좌절을 겪어야만 했던 19세기 말 세대인 월선과 용이의 경우에서 신분상의 격차에서 오는 심리적 우열감 또는 문화적 갈등을 거의 경험하지 못하는 1930년대의 젊은 세대, 홍이와 보연의 관계에 이르기까지의 시간적 거리는 한 세대에 불과하지만, 봉건적 신분 질서에 엄격하게 규율되던 인간관계가 근대적 인간관계로 변화, 정립되는 엄청난 전환의 과정이었으니 이에 대한 천착은 〈토지〉가 거둔 중요한 성취의 하나이다. 신분 질서의 해체는 종래의 직업관을 허물고 신분과 경제적 부의 거의 절대적인 대응관계를 무너뜨리게 마련이다. 양반이 중인이 하던 역관이 되고, 천직으로 경멸했던 상인, 화가, 소설가의 일에 뛰어들게 되며 면천한 농부의 자식이 근대적 상업에 종사하여 치부, 한 고을의 유지가 되는 양상을 또한 〈토지〉에서 확인할 수 있으니 높게 평가되어야 할 부분이다.

그러나 이 같은 신분 질서의 변동 또한 사회, 역사적 제요인, 궁극적으로는 경제적 토대에 의해 엄격하게 규정되는 것이니 토대와의 관련 아래 탐구되지 못한다면 대단히 불충분한 수준에 멈추고 말 것이다. 〈토지〉의 문제점 하나가 바로 이것이다. 예컨대 조선조 봉건 사회를 개혁하려는 제반 운동의 기본 동력을 산출해낸 봉건적 토지 소유관계의 모순에 대해 작가는 거의 관심두지 않는다. 전편에 걸쳐 농민에 대한 작가의 애정과 이에 근거한 날카로운 통찰이 두드러지지만 역사성에 대한 고려의 부족으로 말미암아 다분히 인상적이고 추상적인 수준에 머무르고 말았다. 작가의 통찰대로 농민이란 보수적이며 그러하기에 유교적 가르침에 따라 양반 못지않게 도리에 충실하며, 그들의 생존 근거인 땅에 대한 강한 집착을 가지고 있다. 비록 무식하지만 풍성한 대지에 뿌리내리고 자연의 순환에 그들의 삶의 호흡을 맞추며 살아가기에 생각은 깊고 넓으며 지혜로 충만하다. 권위에 순종적이지만 그러면서도 안으로는 "가난과 공포의 생동"15)을 묵묵히 다스리고 있다. 농민에 대한 작가의 애정과 신뢰는 작품 후반부로 갈수록 추악한 지식인들의 모습에 대비되어 더욱 커지고 깊어지는 현상조차 보인다. 그런데 온갖 고통을 견디며 지난 역사를 감당해온 주체인 농민에 대한 애정과 신뢰, 날카로운 통찰들이 토지 소유관계의 모순 및 그 역사적 전개의 구체성과의 유기적 관계를 결여한 자리에 놓여 있으니 문제이다. 조선조 지배 체제가 봉건적 토지 소유관계의 모순을 더 이상 감당할 수 없었기에 터져 나온 동학농민전쟁조차도 최씨가의 비극을 이끌어내기 위한 배경으로만 작품 속에 끌어들여질 뿐 한갓 풍문처럼 스쳐 지나가고 있을 뿐이다. 많은 사람들이 시적하듯 다음처럼 당대 토지 문제의 핵심에 접근한 경우도 물론 없지는 않다.

> "온 삭신이 쑤신다. 이 빌어묵을 놈의 팔자야. 이래가지고는 못 살겄다. 광대가 되든지 매분구가 되든지, 이 무써리(몸서리) 나는 일 좀 면하고 살았이믄 얼매나 좋겄노."
> "매인 몸도 아닌데 소원대로 한분 해보라모. 이팔청춘 한창 시절 아니가. 아무도 말릴 사람 없일 기니."
> 막딸네 한탄에 야무네가 놀려준다.
> "참말이제, 살아갈수록 논이 난다. 해도 해도 일은 끝이 없고, 이리 비지땀을 흘리믄서 일을 해봤자 어디 내 일가? 남 좋으라 하는 일이지. 철기 겉은 모시옷도 남이 입고 열석새 베옷도 남이 입고 사시상철 들일 없는 날은 베틀에 앉아서."
> "하기야 우리는 노상 등 빠진 삼베적삼이고, 백정 제집도 오뉴월에는 그늘에서 하품하는데 어디 농사꾼 제집이 사람가."
> "소지, 소다!"

---

15) 박경리, 〈토지〉 4부 1권, 앞의 책, 185쪽.

"소? 소는 그래도 겨울 한 철은 쉰다. 죽으믄 다 함께 흙 될 긴데 참으로 세상 고르잖구마. (……)"16)

평사리 농촌 여인 막딸네와 야무네가 삼 가르기 노동 중 휴식하며 나눈 대화이다. "광대가 되든지 매분구가 되든지", 막말을 내지르고 농사꾼 아낙은 소보다도 못하다고 생각하는 두 여인의 절망은 당대의 농민 대다수가 뼈저리게 느꼈을 것임에 분명한 설움, 한이다. 생산자의 생산물로부터의 소외, 고르지 않은 세상 이치에 대한 인식은 민란과 동학농민전쟁 등으로 표출되었던 당대 농민들의 토지 모순에 대한 인식과 그 극복을 위한 실천적 노력의 한 부분일 것이다. 그러나 이 같은 측면에 대한 땅을 사이에 둔 지주와 소작농 사이의 관계, 토지 소유관계의 구체적 실현 양상에 연결되지 못하고, 그녀들의 절망과 분노는 한갓 푸념으로 남고 만다.

이처럼 경제적 토대와의 유기적 관련이 배제된 신분 문제에 대한 탐구는 그것을 심리적 갈등을 낳는 요인으로만 이해하게 만든다. 신분이 다른 두 남녀의 결합에서 파생되는 제일 큰 문제는 바로 이것이었다. 이 같은 문제점으로 인해 본질이 아닌 현상만이 포착된다. 최고의 귀족 가문 출신인 조용하와 역관의 딸인 명희와의 관계 또한 이와 같은데, 끊임없이 역량을 축적, 마침내 조선조 후기 역사 담당 주체의 하나로 당당하게 솟아오른 당대의 상승 계층인 중인층에 대한 인식이 결여되었기 때문에, 전문 교육을 받은 두 남녀의 결합과 신분 문제로 인한 갈등이란 수준에서 벗어나지 못하였던 것이다. 조선조 중인 계층은 상층으로의 진입을 차단당한 신분적 질곡을 부를 축적함으로써 보상받고자 했으며, 양반 계

---

16) 박경리, 〈토지〉 1부 3권, 위의 책, 72~73쪽.

층에 비해 상대적으로 주자학 이데올로기로부터 자유로웠기 때문에 새로운 문물 수용에 적극적일 수 있었다. 축적된 부와 근대적 지식을 바탕으로 중인 계층은 새로운 시대를 향해 앞장섰던 것인데 갑신정변을 배후 조종한 오경석과 유대치, 그리고 신문학 초창기를 주도한 문인들 대부분이 중인 출신이라는 데서 그 같은 사정은 뚜렷하다. 중인층 출신 청년들의 유학이 양반 계층보다 앞서 대대적으로 이루어졌던 것은 이런 배경 위에서였던 것이다. 신분 문제에 편중하여 당대를 파악하는 〈토지〉의 역사 인식이 지닌 문제점은 이렇듯 분명하다.

3. 지리산의 사상

〈토지〉의 인물들을 하나로 묶을 수 있는 것은 악의 화신 조준구와 탐욕의 화신 임이네를 제외하곤 모두가 나름의 한을 지니고 있다는 사실이다. 박경리에 있어 한이란 인간이면 피할 수 없는 근원적, 운명적인 성격의 것이다.

> …… 한이야 후회하든 아니하든 원하든 원치 않든 모르는 곳에서 생명과 더불어, 내가 모르는 곳, 사람 모두가 알 수 없는 곳에서 온 생명의 응어리다. 밀쳐도 싸워도 끌어안고 울어도, 생명과 함께 어디서 그것이 왔을꼬? 배고파서 외롭고 헐벗어서 외롭고, 억울하여 외롭고 병들어서 외롭고, 늙어서 외롭고 이별하여 외롭고, 혼자 떠나는 황천길이 외롭고, 죽어서 어디로 가며 저 무수한 밤하늘의 별같이 혼자 떠돌 영혼, 그게 다 한이지 뭐겠나. 참으로 생사가 모두 한이로다 …….17)

생전의 김환이 강쇠에게 남긴 말이다. 생명과 언제나 함께하는 것이 한이니 그 누구도, 조준구나 임이네 같은 극적, 상징적 성격의 인물을 제외하곤 여기서 벗어날 수 없다. 생명을 타고나 그것을 유지시켜간다는 것은 끊임없는 상실이며 상처 입음이니 인간이 삶이란 한과의 끝없는 동행에 다름 아니다.

이처럼 인간이면 어쩔 수 없는 근원적, 운명적 성격의 한이지만 그것은 사회, 역사적으로 규정되는 구체적인 생활 속에서 생성된다. 봉건적 신분 질서, 토지 소유관계, 식민지화 등등의 외적 조건이 자연에 따르는 욕망과 기대와 삶의 균형 감각을 좌절시키고 혼란시킬 때 생겨나는 것이다. 한의 생성과 관련하여 〈토지〉에서의 이 같은 측면에 대한 탐구가 대단히 불충분함은 앞에서 누누이 지적한 바 있거니와, 어떻든 〈토지〉의 인물들은 거의 대부분이 가슴속의 한으로 해서 고통 받고 좌절하며 몸부림치며 서러운 삶을 살아가는 것이다.

〈토지〉의 인물들은 자신의 한을 풀기 위해 어떤 식으로든 노력한다. 그들의 일생은 맺힌 한을 풀기 위한 끝없는 추구의 과정이며 이런 인물들의 삶이 엮여 이루어진 〈토지〉의 내적 형식은 '한맺힘-해한(解恨)'이다.

해한을 위한 몸부림의 양상은 다양하다. 그 하나는 주갑이 보여주는 거칠 것 없는 방랑의 삶. '구만리 장천을 나른 대붕새'를 꿈꾸는 '새타령'을 좋은 목청으로 마음껏 내지르며 흘러가는 그의 자유로운 방랑의 삶은, 인간을 구속하고 억압하며 상처 입히기조차 하는 세속의 제도와 관습, 윤리 규범으로부터의 해방이다. 강청댁과 임이네, 월선의 사이에서 평생 고통스러워했던 용이가 죽

---

17) 박경리, 〈토지〉 4부 1권, 위의 책, 45쪽.

음을 앞두고 아들 홍이에게 자기가 부러워한 사람은 주갑과 서금 돌이라 고백하는데 신명에 자신의 온 삶을 실었던 그들은 일종의 해방된 인간이기 때문일 터이다.

그러나 저저이 다 주갑처럼 살 수는 없으며 그런 삶이 진정한 해한에 이를 수 없다는 것도 자명한 사실, 평범한 사람들은 체념하며 안으로 삭힐 뿐이다. 월선과 용이 등, 민중들의 해한 방식이 이러한데 견디고 또 견뎌 버틸 뿐이다. 시간의 위대한 치유력만이 이들의 뼛속 깊이 응어리진 한을 풀어낼 수 있는 것이다.

월선과 용이의 기구한 사랑의 여정과 동반하는 그들의 한은 이 작품의 참주제 하나를 품고 있는 것이어서 자세히 살펴볼 필요가 있다. 냉혹한 허무주의자 최치수조차 "사람이 존엄하다는 것을 아는 (……) 복 많은 이 땅의 농부"[18]라 평했던 전형적인 농부인 이용, 그의 삶을 근본 규정하고 또 그가 지향하는 것은 자기 땅에 뿌리박고 조상 산소 모시며 처자식 거느리는 평범한 농민의 삶이다. 평사리 들판을 내려다보며, 이제 농사꾼의 삶에서 벗어난 아들을 두고 "그러나 이 땅을 지키고 홍이가 살겠나, 불쌍한 자식"이라 깊이 한탄하는 데서 이 같은 사정은 분명하다. 월선의 경우 또한 이와 조금도 다르지 않으니 죽은 어미를 향해 그녀는 "불쌍한 울 어무니! 부디 좋은 곳에서 환생하소! 그곳에서도 여자로 환생커든 한 남자를 만내서 일부종사하, 하고 아들딸 낳아서……"[19] 평범히 살 것을, 친자식 이상으로 사랑한 홍이에게는,

> 묵을 만치 하고 사는 기이 젤 좋다. 식구들이 화목하고 자식은 서넛 낳아서 나는 똑 그랬이믄, 우리 홍이가 그랬이믄 싶다.[20]

---

[18] 박경리, 〈토지〉 1부 2권, 위의 책, 21쪽.
[19] 박경리, 〈토지〉 1부 4권, 위의 책, 103쪽.

라 하여 그녀의 이같은 바람을 드러내고 있다. 이 같은 농민적 삶의 정상적 형태에 대한 간절한 희구는 떠돌이 포수 강포수의 "사람은 한곳에다가 발을 붙이고 살아야 하는 기라"(2부 3권, 281쪽)라는 말에서도 명료하게 드러난다.

농민적 삶의 정상적 형태에 대한 희구가 〈토지〉의 참주제 중 하나라는 우리의 판단은 서희의 경우를 통해서도 확인할 수 있다. 조준구에게 복수하고 최씨가의 빼앗긴 재산을 되찾아 옛날의 권위를 회복하겠다는 원한과 집념이 그녀의 여로를 지탱케 하지만 온갖 악조건 속에 놓였기에 외롭지 않을 수 없다. 더욱이 천애 고아의 처지이니 외로움은 갈수록 커져 골수에 든 병이 된다 그녀의 이 지극한 외로움이 길상을 남편으로 선택하게 하고 마침내는 자신을 얽어맨 온갖 질곡을 넘어설 수 있도록 만들었다. 고아의 느낌이 결코 용서하지 않으리라는 무자비한 감정을 풀어났다. 자기 자신마저 질곡에서 풀어버린 것이다. 철갑을 벗어버린 자유.[21]

숨막히게 옥죄여온 온갖 질곡마저 풀어버리고 "난 난 길상이하고 도망갈 생각까지 했단 말이야. 다 버리고 달아나도 좋다는 생각을 했단 말이야"[22]라고 고백하게 만들 정도의 처절한 고독이니 정상적인 가정에 대한 간결한 희구는 자연스러운 것일 수밖에 없다. 영원한 모성 월선에 대한 그녀의 말없는 애정, 자신을 김서희, 길상을 최길상으로 성을 바꾸어 등록하고 아이들에게 최씨 성을 물려 가문을 이으려는 억지 시도가 모두 이에서 비롯된 것임은 자명하다. 아이들을 "풍요한 토양에 심"[23]기 위해 남편과의 이별

---

20) 박경리, 〈토지〉 2부 4권, 위의 책, 241쪽.
21) 박경리, 〈토지〉 2부 2권, 위의 책, 120쪽.
22) 박경리, 〈토지〉 2부 2권, 위의 책, 126쪽.
23) 박경리, 〈토지〉 2부 4권, 위의 책, 309쪽.

을 감수하는 것 또한 그러한데 정상적 가정에 대한 그녀의 간절한 바람을 가장 분명하게 보여주는 것은 남편 길상에 대한 다음 같은 감정이다.

> 남편에 대하여 원망도 존경도 없었다. 그리움도 없었다. 다만 <u>절대적인 관계</u>가 있었을 뿐이다. 절대적인 관계, 현재의 상황만이 팽팽하게 가슴을 조여 온다.[24] (강조는 필자)

자신의 남편이고 아이들의 아버지, 말하자면 정상적인 가정을 구성하는 데 없어서는 안 될 존재라는 것, 이것이 남편 길상에 대한 감정의 전부이다. 그것은 정상적인 가정과는 무관했던 그녀의 평생을 생각하면 지극히 당연하다. 절대적인 관계만이 존재할 뿐인 것이다.

이렇게 본다면 서희의 인생은 '정상적 가정의 파괴-정상적 가정 구축을 위한 삶'으로 요약할 수 있을 것인데, 한곳에 뿌리내리고 온 가족이 함께 모여 사는 삶을 지향하는 것이라는 점에서 그것은 앞에서 살핀 바 용이 등의 평범한 농민적 삶의 정상적 형태에 대한 희구와 그 본질에 있어 전혀 동일한 것이다.

이렇듯 〈토지〉의 참주제 중 하나는 평범한 농민적 삶의 정상적 형태에 대한 희구이다. 또 하나의 참주제는 〈토지〉의 인물들이 보여주는 해한의 또 다른 방식을 통해 표출되고 있다. 그것은 일, 노동이다.

길상은 끝내 신분의 질곡에서 완전 해방되지는 못하지만[25] 일에 몰두함으로써 그것을 견뎌내며 그것으로부터 충분히 자유로워

---

24) 박경리, 〈토지〉 2부 4권, 위의 책, 292쪽.
25) 박경리, 〈토지〉 4부 3권, 위의 책, 296쪽.

진다. 그가 하는 일은 3부까지는 독립운동으로 밝혀져 있지만 4부에 이르러서는 보다 근본적인 것으로 심화된다.

> 사람 모두가, 역사가 극복하지 않으면 안 될 일이다. 김개주도 김환도, 역사의 산물이며 그 오랜 역사를 극복하려다 간 사람이다. 자신도 그 길을 가고 있다. 강자는 극복되어야 한다. 약자의 눈물을 거두기 위하여 평등하기 위하여. 강국도 극복되어야 한다. 약소국의 참상을 씻기 위하여, 국가와 국가가 평등하기 위하여. 일본은 마땅히 극복되어야 한다.26)

사람과 사람, 계급과 계급, 국가와 국가 사이의 평등 상태를 지향하는 일이기에 그것은 근본적인 것이다. 용화세계 또는 유토피아를 그리는 황홀한 사상이다. 그것이 무엇인지 작품상에 드러나지 않지만 길상은 이처럼 인류의 근본 문제를 해결하는 일에 투신함으로써 '담담한 평정'을 얻었고 해방되었다. 허무의 바다 모를 심연에 빠져 "차가운 빙하 같았던 생애"27)를 살았던 김환을 "한 인간이 도달할 수 있는 지극히 높은 영혼의 경지"28)에 올려놓은 것도 "민중의 가슴에 불을 지르는" 일이었으며, 그와는 다른 성격의 것이지만, 허무주의의 독소에 침윤되어 "망실(亡失)의 쾌감"29)에 탐닉했던 상현을 건져 올려 자유롭게 하고 정직하게 만든 것도 '글쓰기' 곧 일이었다. 한복을 살인 죄인의 자식이란 속박에서 해방한 것도 일이며, 아비의 죄업에서 비롯된 천형과도 같은 죄 의식에서 병수(조준구의 아들)를 자유롭게 한 것도 일이었다.

---

26) 박경리, 〈토지〉 4부 3권, 위의 책, 297쪽.
27) 박경리, 〈토지〉 3부 3권, 위의 책, 51쪽.
28) 박경리, 〈토지〉 3부 2권, 위의 책, 194쪽.
29) 박경리, 〈토지〉 3부 2권, 위의 책, 311쪽.

물론 그 일은 새로운 것을 창조하는 가치 있는 것이어야만 할 것이며, 아집과 욕망으로부터의 끊임없는 벗어남을 동반해야만 하는 자기희생과 결단의 고통스러운 것일 터이다. 그 일은 인간 또는 목숨 지닌 모든 존재의 신비를 사랑하는 데서 비롯하는 것이니 자기가 지극한 애정으로 그려낸 길상, 김환, 용이, 주갑 등의 근본 바탕은 바로 이것이었다. 그 사랑이 창조적인 일(노동)을 가능케 하고 그리하여 마침내 해한에 이르게 하는 것이다.

　그렇다면 천수관음 조성자로 운명지어진 길상이 꿈꾸는 만인평등의 유토피아를 가능케 할 사랑은 무엇인가. 그것은 '안일에 썩어가는 산송장'인 상부층, 기회주의적 이기주의에 매몰된 중간층이 아니라 '생동하는'[30] 민중이 역사 담당 주체임을 믿는 굳굳한 신뢰와 지극한 애정이다. 3부 이후 서희, 길상, 김환 등을 제치고 점차 중심인물로 부상하는 송관수의 역정을 통해 표출되는 이 같은 사랑이야말로 지금까지 살펴온 참주제들을 포괄하며 그 현실적 실현을 구체적으로 뒷받침하는, 가장 확실하고 힘 있는 참주제 중의 참주제이다. 작품 전반부의 형식과 크게 괴리되어 있음을 지적할 수도 있겠지만, 다른 측면에서 보자면 그것은 작품의 전체적인 균형의 파괴를 감수하면서까지 성취한 박경리 문학 정신의 승리라고도 할 수 있다.

> 　관수가 이 지점까지 온 것은 우연도 작심에서도 아니다. 동학당으로 죽음을 당한 장돌뱅이였던 아비, 김훈장을 따라 산에 들어간 사이 행방을 모르게 된 어미, 그리고 은신처에서 만나 부부로 맺어진 백정의 딸인 아내, 그 응어리가 여기까지 오게 했으며 또 앞으로 가야 할 길에는 아들 영광의 한이 짙게 서릴 것이다. 네 사람 중에 가장

---

30) 박경리, 〈토지〉 4부 3권, 위의 책, 217~219쪽.

많은 설움과 고통을 넘어온 송관수, 해서 그는 누구보다 치열하다.31)

애초에 관수를 주인공으로 삼았으면 좋았겠다는 생각이 들 정도로 그의 삶은 우리 근대사 전개의 한복판을 온통 상처 입은 채 통과하고 있다. 김환 등의 개인주의적 모험주의를 비판하며 민중과 함께 성장하는 그의 4부에서의 모습은 이런 아쉬움을 더욱 크게 만든다.

지금까지 검토해온 〈토지〉의 참주제군이야말로 작가가 그리고자 한 이 작품의 본면목, 지리산의 사상이다. 그것은 끝없는 한의 바다이지만 또한 해한을 향한 숭고한 사랑과 투쟁, 자기희생의 고된 험로이기도 하다. 많은 문제점에도 불구하고 〈토지〉의 이 같은 세계는 "지속은 바로 역사의 생명, 그 생명의 운동"32)이란 역사관을 길잡이 삼아 새로운 역사를 여는 생명의 운동을 지속해 나아갈 것이다.

---

31) 박경리, 〈토지〉 4부 2권, 위의 책, 465쪽.
32) 박경리, 〈토지〉 4부 1권, 위의 책, 386쪽.

* 이 글은 「토지론-지리산의 사상」이란 제목으로 『동서문학』 1989년 12월호에 실린 글을 수정·보완한 것이다.

참고문헌

김성희·성은애·이명호, 「〈토지〉에 나타난 여성 문제 인식과 역사 의식」, 『여성』, 1989.
김 철, 「운명과 의지-〈토지〉의 역사 의식」, 『문학의 시대』 3권, 1986.
김치수, 「박경리와의 대화」, 『박경리와 이청준』, 민음사, 1982.
박경리, 〈토지〉, 1~20권, 마로니에북스, 2012.
박경리, 〈표류도〉, 마로니에북스, 2013.
서정미, 「〈토지〉의 한과 삶」, 『창작과비평』 56호, 1980 여름호.
염무웅, 「역사라는 운명극」, 『민중시대의 문학』, 창작과비평사, 1979.

등장인물의 지리적 이동과 공간의 역동성

조윤아

1. 공간 지도와 공간 연구
2. 행위자의 공간 이동과 중심 이동
3. 공간 이동과 서술적 특징
4. 주요 공간 특성의 변모
5. 공간 연구의 기대와 전망

1. 공간 지도와 공간 연구

1-1. 연구 목적

현대소설에 있어서 공간에 대한 논의는 크게 조셉 프랭크(Joseph Frank)의 '공간성(Spatiality)'과 등장인물의 행위가 이루어지고 사건이 벌어지는 '공간(Space)', 둘로 나누어 살펴볼 수 있다.[1]

조셉 프랭크는 1945년에 발표한 「현대 문학에서의 공간 형식(Spatial Form in Modern Literature)」[2]에서 현대 문학의 중요한 특질로 '공간 형식spatial form'을 제기했다. 현대 문학의 미학적 형식은 공간적 논리에 기반하므로, 시간의 흐름에 따라 연속적으로 읽어서는 이해할 수 없는 단어군들을 공간적으로 동시에 지각할 때 비로소 의미가 파악되는데, 이처럼 언어를 새롭게 사용하는 방법을 문학에서의 '공간 형식'이라고 했다.[3] 그가 말하는 공간성은 작가가 의도적이고 직접적으로 텍스트에 형상화하여 그려내는 것이라기보다, 텍스트에 형상된 공간을 독자가 해석하는 데서 창출되는 것이어서 대상 공간의 실체에는 거의 의미 부여를 하지 않는다. 최근 문학에서의 공간 논의는 이렇듯 대상 공간의 실체를 부정함으로써 거두는 반리얼리즘 효과에 경도되어 있는 상

---

[1] 여기에서 '장소 Place'는 논외로 한다. 이푸 투안에 의하면 공간은 트인 자리나 자유로운 자리를 뜻하는 외부 지향적 용어인데 반해 장소는 대체로 정주(定住)할 자리나 보호되는 자리를 뜻하는 내부 지향적 용어이다. Yi-Fu Tuan, *Space and Place*(London: University of Minnesota Press, 1977) 참조.
[2] Joseph Frank, 'Spatial Form in Modern Literature', *The Widening Gyre*, Rutgers UP., 1963.
[3] 이호, 「소설에 있어 공간 형식의 가능성과 한계」, 『공간의 시학』, 예림기획, 2002, 39쪽.

태다. 다시 말해 '실재와 정합한 공간보다는 작가의 의식과 독자의 체험으로써 새로이 기획되고 창출되는 공간'4)에 관심이 기울어 있는 것이다.

한편 '공간(Space)'은 사건이 벌어지고 등장인물이 행동을 하는 이른바 무대를 가리키는데, 본고에서 사용하는 'Space'는 루드비히의 '행위 공간handlungsraum'보다는 '실제 공간·현실 공간actual space'에 가깝다.5) '행위공간'은 방이나 주택, 거리 등 행위하는 인물들과 직접 관련되면서 행위에 제약을 가하는 좀더 세부적인 구분이 가능한 공간을 가리킨다면, '실제·현실공간'은 허구적 공간의 모형으로서 실체가 존재하며 서사에 투영되면서 굴절되는 공간이라고 할 수 있다. 본 연구가 '실제·현실 공간'에 관심을 갖는 것은 〈토지〉가 보여준 개연성에 근거한다. 〈토지〉는 '한말로부터 식민지 시대를 꿰뚫으며 민족사의 변전을 그린' 작품으로 알려진 만큼 사회·역사적 시간과 공간이 서사에 깊이 연관되어 있다. 또 이 작품에 등장하는 공간은 허구이지만 허구가 아닌, 작가의 상상력의 소산이지만 충분한 사료를 토대로 상상된 공간이다. 따라서 〈토지〉의 공간 연구는 실체를 부정하는 것보다 실체를 전제로 출발할 필요가 있다. 그렇다고는 하더라도 실체를 전제로 하면서 그 굴절의 정도, 즉 실체와 허구를 비교하고 마는 것은 작품의 깊이 있는 분석과 이해로 나아가지 못하는 결과를 낳는다. 따라서 본 연구는 '실제공간·현실 공간'을 연구 대상으로 하되, 실체와 동일한 지리적 위치의 그 공간들이 어떠한 공간적 패턴의 특징을 나타내며, 어떤 역할을 하는지, 서사에 어떻게 이용되고 있는지, 각 공간과 등장인물은 어

---

4) 장일구가 힐레브란트의 논의를 설명한 구절이다. 장일구, 「소설 공간론, 그 전제와 지평」, 『공간의 시학』, 예림기획, 2002, 23쪽.
5) 장일구, 위의 글 참조.

띤 관계의미를 지니는지 알아보고자 한다. 이때 활용되는 방법적 도구는 지도이다.6)

1-2. 연구 방법

프랑코 모레티는 소설의 공간 지도가 "더러 소설처럼 읽힐 수 있기 때문에 흥미로운 것이 아니라, 그것들이 소설을 읽는 방법을 변화시키기 때문에 흥미롭다"7)고 주장한다. 공간 지도는 서사의 공간이 단순한 배경이 아니라 연구의 대상이 되게 한다. 여기에서 지도는 '진짜' 지도라기보다 '지리적 평면에 부과된 도식'8)이라고 할 수 있다.

본 연구는 가능한 한도 내에서 작품에 등장하는 지명들을 지도에서 찾아내어 표지(標識)하려고 한다. 표지의 방법은 행위자9)들의 이동과 사건의 진행에 따르는 공간 이동이나 사건의 현장을 하나의 선으로 나타내는 것이다. 그 선은 서술의 특성에 따라 모양을 달리하는데, 일정 공간에서 다른 공간의 일화를 회상하는 경우, 공간으로의 이동 과정이 생략된 채 공간에 도착한 것으로 서술하여 행위가 과거로 처리된 경우, 어떤 공간에서 벌어진 사건에

---

6) 〈토지〉는 단행본으로 출간될 때마다, 비록 아주 단순한 것일지언정 부록으로 지도가 실렸다. 『〈토지〉 사전』(임우기·정호웅 편, 솔출판사, 1997)에도 그러한 지도가 실려 있다. 이것은 〈토지〉를 읽는 데에 지도가 유용하다는 것을 반증하는 것이라고 할 수 있다.
7) Franco Moretti, *Atlas of the European novel 1800-1900*, New York: Verso, 1999, p. 5.
8) Franco Moretti, 「문학의 지도: 이론, 실천, 실험들」, 『안과 밖』 2002년 상반기, 255쪽.
9) 등장인물이나 캐릭터로 이름하지 않고 행위자(agent)로 지칭하는 것은 본 연구가 등장인물의 성격보다 행위나 이동 등에 더 관심을 가지기 때문이다.

대한 서술자의 주석적 해설이 장황하게 제시된 경우, 혹은 여타 등장인물들의 대화에 의해 전언되는 경우, 공간이 서술 시간에 있어서 현재 사건 진행의 공간으로서 기능하는 경우 등으로 갈래를 나누어 나타내었다. 이러한 방법으로 한 편이 한 장으로 그려져, 5부가 각 5편으로 이루어진 〈토지〉의 지도가 완성된다. 이렇게 그려진 지도는 행위 혹은 이동 경로와 이동 빈도, 서사의 밀도, 서사의 방식 등이 나타나게 된다. 이때 패턴이 생기기도 하고 독특한 현상이 나타나기도 하는데, 이것이 바로 언어서사로써는 파악하기 힘든 작품의 특징을 보여주게 되는 것이다. 지도로써 발견하게 되는 공간적 패턴은 "지도로 보게 되기 전까지는 암시적으로만 존재하는, 심지어는 숨겨져 있는 것이다."[10] 암시적이거나 숨겨져 이미 존재하는 것은 정밀한 연구를 통해 드러내 보여줄 필요가 있다. 그리고 이렇듯 지도에 기하학적 패턴이 존재한다는 것은 작품의 배후에 지속적인 힘들이 존재한다는 것을 보여주는 것임을 상기한다면, 지도를 통해 작품의 새로운 해석에 도전할 수가 있다.

> 어떠한 비중의 형식이건, 그것이 살아 있든 죽었든 모든 경우에 형식은 힘의 발현이라고 할 수 있다. 간단히 말해 물체의 형식은 '여러 가지 힘들의 도식'인 것이다. 이렇게 보았을 때 우리는 최소한 그 형식을 통해 대상에 작용한 힘들을 추론해내거나 판단할 수 있다.[11]

D'Arcy W. 톰슨이 주장하고 있는 것처럼 패턴을 존재하게끔 한 힘들이 없었다면 규칙성은 생겨날 수 없었을 것이라는 전제 하에

---

10) Franco Moretti, 앞의 글, 244쪽.
11) D'Arcy Wentworth Thompson, *On Growth and Form*, London: Dover Publication, Inc, 1992, p. 16.

미흡하나마 부분적으로 패턴의 해석을 시도한다. 또 한편으로는 표지의 방식이 이동 서술 방식을 갈래지어 나타내고 있으므로, 지도를 통해 살펴볼 수 있는 〈토지〉의 서술적 특성을 분석해 보려 한다. 그리고 마지막으로는 주요 공간들을 통해 본 〈토지〉 공간의 전체 구성적 특징을 살펴 볼 것이다. 지도는 복잡한 서사를 단순화하고 통합한다.[12] 이로 인해 작품을 대하는 새로운 시각이 생겨나서 독창적이고 차별화된 작품 분석을 시도해 볼 수 있을 것으로 기대한다.

2. 행위자의 공간 이동과 중심 이동

2-1. 지도에 나타난 공간의 특성

지금까지 〈토지〉의 공간에 관한 연구는 4부 연재를 앞둔 상태에서 김치수가 발표한 '텍스트 분석'과 완간 2주년 기념 학술집에 조정래가 발표한 「생존의 원리와 역사성」[13], 그리고 최유찬의 『〈토지〉를 읽는다』에 실려 있는 「〈토지〉의 구조」[14]등이 주목된다. 김치수가 세 차례에 걸쳐서 발표한 텍스트 분석 중 공간에 대한 중요한 언급은 두 번째 글 「間島, 그 空間의 개방성」[15]에 있다. 그에 의하면 평사리는 공간 자체가 폐쇄되어 있어서 등장인물 전체가 자연스럽게 관계를 맺고 있고 개개인의 생활 자체가 그 집단 속에

---

12) Franco Moretti, 앞의 글, 242쪽.
13) 조정래, 「생존의 원리와 역사성」, 『〈토지〉와 박경리 문학』, 솔출판사, 1996.
14) 최유찬, 「〈토지〉의 구조」, 『〈토지〉를 읽는다』, 솔출판사, 1996.
15) 김치수, 「間島, 그 空間의 개방성」, 『문학사상』 통권 102호, 1981. 4.

서 자아를 드러내기에 충분했던 데 반하여, 간도는 그 공간의 개방성 때문에 개개인의 생활만으로는 집단 속에서 자아를 규정할 수 없었다고 보았다. 무엇보다도 간도라는 열린 공간을 선택함으로써 다양성을 담보할 수 있었던 반면, 1부 평사리에서 보여주었던 '강력한 응집력, 서술의 힘을 희생시켰다'는 지적은 눈여겨볼 만하다. 조정래의 글은 공간에 대한 본격적인 연구가 아니라 시간 구조를 분석하는 데에 그쳤던 기존 연구를 딛고 시간과 공간의 긴밀한 관계를 역설하면서 한 장에서 '공간 구조의 특성과 환경'을 분석해 놓은 것이다. 그에 의하면 평사리는 '대한제국 설립부터 한일 합방까지의 조선 사회가 당하는 충격을 대표하는 전형적 공간'이다. 이 주장은 재고해야 할 여지가 있지마는, 〈토지〉의 공간을 시간 구조와의 관련 하에서 구도화한 것은 의미있는 작업이다. 또한 최유찬은 〈토지〉의 시공간 구조를 음양오행(陰陽五行)과 최제우의 우주론을 근거로 풀이하여 세계의 이치를 파악하는 동양철학의 원리가 〈토지〉에도 적용될 수 있음을 보여주었다.

 〈토지〉 제1부의 주요 공간인 평사리에 대하여 지금까지의 연구는 대체로 '지리적으로 외지와 단절되어' 있다거나 '봉건적이고 폐쇄적인 삶의 질서를 유지하고 있는 작은 농촌의 공동체'라고 하였다. 물론 여기서 지적하고 있는 폐쇄성이란 상대적 개념일 뿐만 아니라 작품 내에서 보여지는 지주 최참판가와 소작인 마을 사람들의 관계가 상당히 유교적이고 봉건적인 것으로 비쳐질 소지가 있기 때문에 그렇게 파악될 가능성이 많다는 것을 부인할 수 없다. 그리고 사실 시작 부분인 1부 1편에서 행위자의 공간 이동은 평사리를 크게 벗어나지 못하고 있다고 해도 과언이 아니다. 총 19장으로 구성되어 있는 1편의 경우 대부분의 서사는 평사리 내에서의 사건을 주로 다루며 읍내로의 이동이 가끔 눈에 띨 뿐이다. 이런 점에 있어서 폐쇄성을 지적하는 것인지도 모른다.

그러나 평사리는 닫혀 있거나 정체되어 있는 공간이 아니라 끊임없이 외부와 소통하려 하고, 소통하는 공간이다. 〈토지〉에서 평사리 마을 사람들은 뱃길을 이용하거나 혹은 육로로 쉽게 하동읍이라든지 화개읍, 지리산, 구례 등지를 오간다. 강청댁은 하룻밤 사이에 평사리에서 하동읍 월선의 주막을 다녀오기도 하는 것이다 (1부 1편 17장). 지리적으로 섬진강가에 위치하고 있는 평사리는 북서쪽으로 약 8km 정도 거리에 화개장터가, 남동쪽으로 약 12 km 정도 거리에 화동읍이 위치하고 있다. 회개장터에서 구례까지는 약 16km, 쌍계사까지는 약 6km 거리이며, 이 부근에는 지리산이 위치하고 있다. 평사리에서 지리산 자락으로 들어서는 길에는 의병활동의 근거지가 되기도 하였던 연곡사가 있다. 이는 평사리가 하동읍에서 내륙쪽으로 40 여 km를 가야하고 다른 지역과의 연계가 힘든 지리산 청학동처럼 외진 곳이라기보다 오히려 각지로 이동하기 편리한 곳에 위치하고 있다는 것을 말해준다. 다음은 평사리가 중심 공간인 1부 각 편을 지도에 나타낸 것인데 평사리와 여타 지역과의 밀접한 관계가 잘 나타나 있다.

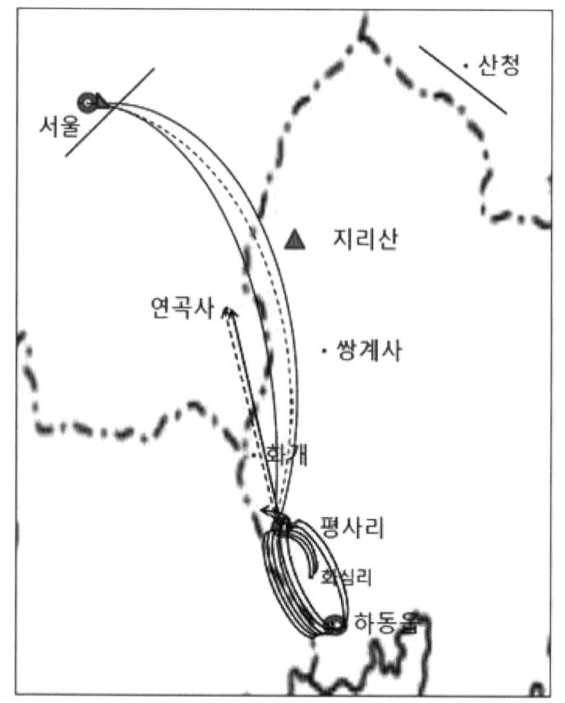

[그림1] 〈1부 1편〉 공간 이동 지도

    1부 1편의 주요 공간은 평사리와 하동읍, 연곡사, 서울 등이다. 평사리는 마을 초입 섬진강가의 주막, 용이 등이 살고 있는 마을, 최참판가, 누각이 있는 당산, 그리고 고소산성 등으로 세분할 수 있다. 이 공간들은 하나의 점으로 표시되며, 한 공간에서 다른 공간으로 이동하지 않고 주로 공간내 이동이 이루어지는 경우 그 지점을 원으로 둘러 그곳에서 사건이 벌어지거나 행동이 일어나고 있음을 표현하였다. 예를 들어 1부 1편의 서(序)에서는 1897년 한가위 평사리 마을의 타작마당에 모인 사람들이 농악 놀이를 벌이는 일화가 여기에 해당된다. 이런 방식으로 지점이 원으로 둘러지는 횟수를 살펴 보면, 평사리의 마을 3회, 최참판가 5회, 하동읍 1회 등이다. 그 외에는 행위자들의 이동한 출발지역과 도착지역을 선으로 이어 표현하였다. 최참판가에서 마을로 내려가거나 마을에서 최참판가로 올라오는 이동, 마을과 주막 사이의 왕복, 최참판가 혹은 마을에서 누각으로의 왕복 이동, 평사리 마을 혹은 최참판가와 하동읍 사이의 이동 등이 있고, 이 외 서울·연곡사·고소성·화심리 등으로의 이동이 있다.

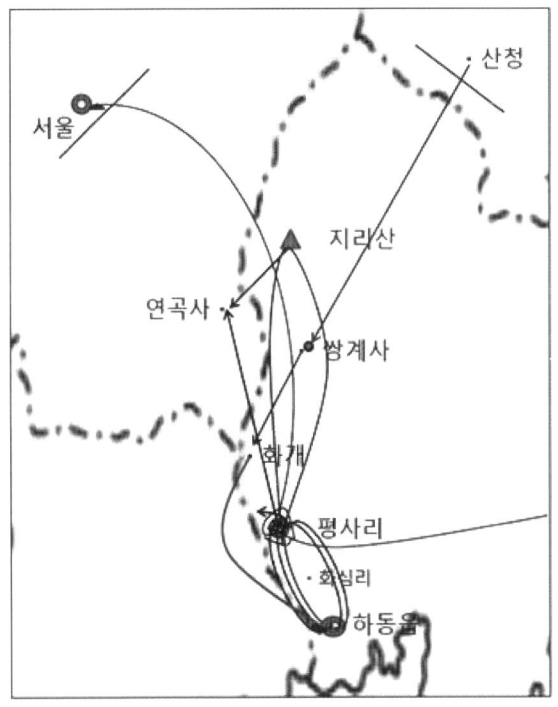

[그림 2] 〈1부 3편〉 공간 이동 지도

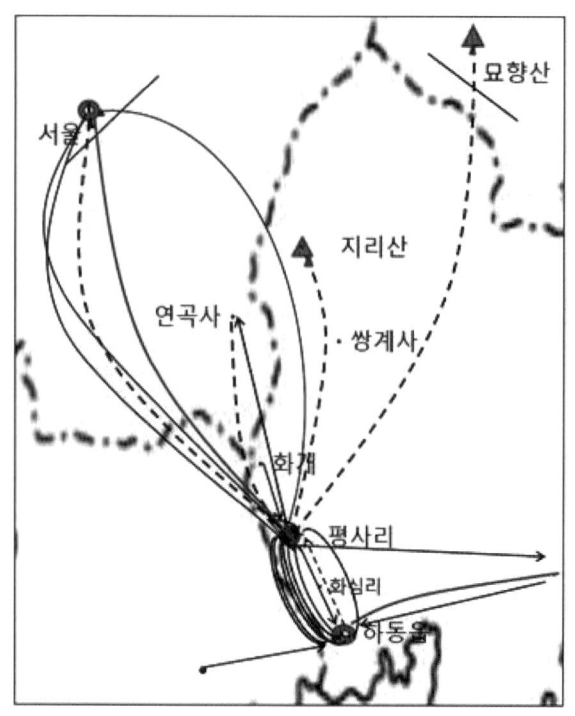

[그림 3] 〈1부 5편〉 공간 이동 지도

 이상 1부 등장인물들의 공간 이동 지도들을 보면, 행위자들이 끊임없이 평사리에서 나오거나 평사리로 들어가거나 하면서 움직이고 있음을 쉽게 알 수 있다. 평사리는 다양한 경로로, 다양한 특색의 공간으로 이동하기에 용이한 공간인 것이다. 신분제도의 변화에도 불구하고 평사리의 농민들은 최참판가와 관습적인 주종관계에서 크게 벗어나지 못한 것으로 보이나, 사실 그와 같은 관계를 유지하는 인물은 몇몇에 불과하다. 대개 평사리의 농민들은 최치수와 윤씨부인의 연이은 죽음으로 조준구가 토지의 실질적인 주인으로 행세하게 되자 그저 자기 앞가림에 바쁠 뿐이다. 좀더 눈치 빠른 축들은 조준구의 하수인 삼수에게 줄을 대기 위해 애쓴다. 그런 야박한 인심에 더럽다고 침을 뱉는 용이나 한조는 오히려 예외적인 인물들이다.16)

2-2. 힘의 분산과 중심 이동

〈토지〉 제1부 지도에 나타난 현상을 통해 발견할 수 있는 또다른 것은 공간 패턴17)이다. 평사리를 중심으로 하여 북서쪽의 연곡사, 서울, 남동쪽의 하동읍으로 이어지는 사선 구도이다. 1편의 경우를 보면 평사리에서 가장 멀리 이동한 지점은 위로는 서울, 아래로는 하동읍이다. 평사리에서 하동읍까지 내려가기 조금 전에 최치수가 장암선생을 병문안을 가곤 하는 화심리가 그 사이에 있다. 2편은 평사리를 중심으로 북서쪽의 공간이 지리산까지로 확대되면서 지리산 부근의 구례에까지 이동 경로가 생기고 있다. 3편은 북서쪽으로 쌍계사 북동쪽으로는 산청이 추기되면서 기본 패턴(연곡사-평사리-하동을 잇는 사선)에 약간의 변화가 생긴다. 4편은 연곡사가 사라지고 연해주, 강청, 함안, 용수골 등 새로운 공간이 등장하면서 기본 패턴이 흔들린다. 5편은 평사리 북쪽으로 묘향산이, 동쪽으로는 진주, 동남쪽으로는 부산 등이 새로이 등장하여 기본 패턴인 사선을 내포하면서도 이동 경로가 사방으로 흩어지는 현상이 나타난다. 그리고 1편에서 평사리에 일방적으로 집

---

16) 임진영, 「〈토지〉의 삶과 역사 의식」, 『〈토지〉와 박경리 문학』, 솔출판사, 1996, 68쪽.
17) E. M. 포스터, 『소설의 이해』, 문예출판사, 1975, 163쪽.

중되어 있던 움직임이 5편에서는 평사리와 하동읍 두 곳으로 분산되어 있음을 알 수 있다.

그렇다면 어떤 이유로 이와 같은 현상이 일어난 것인가. 행위자들의 움직임이 활발하게 펼쳐지고 있는 곳은 그렇지 못한 곳에 비해 더 많은 에너지를 지니고 있다고 할 수 있다. 그런데 이 에너지가 분산되는 원인은 그 힘이 커질 대로 커져 더 이상 그 상태로 머무를 수 없으므로 폭발하여 퍼져나가는 경우와, 에너지를 이끌고 있는 중력이 약화되어 유대관계가 느슨해짐으로 인해 에너지가 흩어져 버리는 경우로 나누어 생각해 볼 수 있을 것이다. 평사리의 에너지가 점차 다른 곳으로 분산 이동되는 것은 후자의 경우에 해당된다고 볼 수 있다. 그들의 움직임에 막강한 영향력을 미치던 힘은 최참판가였는데, 그것이 힘을 상실하고 말았으며 평사리를 중심으로 모이면서도 끊임없이 왕래하던 그 힘들은 머무를 곳을 찾아 움직인다. 최참판가에 부여되어 있었던 힘의 불안정성은 이미 〈토지〉의 서두부터 예고되어 있었던 것이다. 문제는 최참판가가 힘을 잃어가면서 평사리의 응집력이 약화되고 그로 인해 분산되는 힘이 어디로 이동할 것인가 하는 점이다. 1차적으로 평사리에서 하동읍으로 이동해간 힘은 북간도의 용정에서 다시 모여든다.

◉지도 2부 1편◉ (다음 면)

2부의 서사 공간이 용정으로 옮겨간 것을 두고 무조건 공간이 확대된 것으로 보는 경우가 있는데, 사실 공간은 확대된 것이라기보다 이동해간 것이다. 엄밀하게 말하자면 중심 공간의 이동 후 확대이다. 확대란 시초의 공간을 포함하여 다른 공간으로까지 나아감을 의미하는데, 지도에서 볼 수 있는 것처럼 행위자들은 평사리에서부터 용정까지 움직임을 활발히 하고 있는 것이 아니라, 평사리를 벗어나 용정에 정착한다.

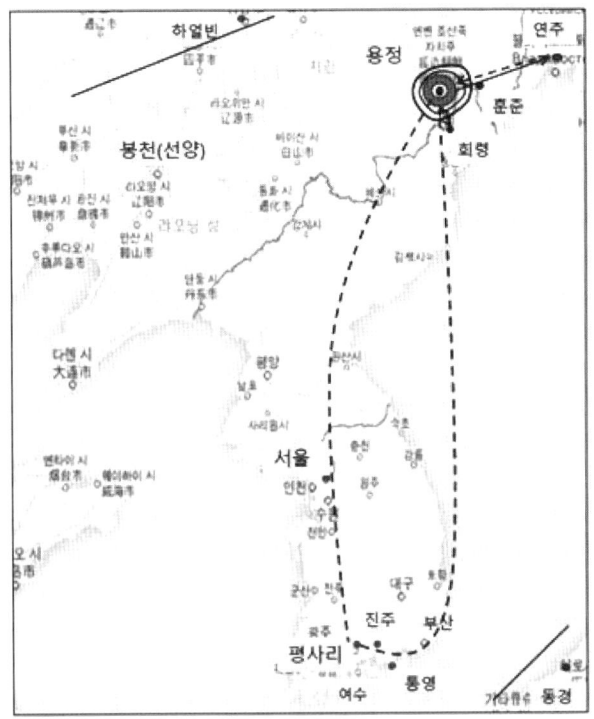

[그림 4] 〈2부 1편〉 공간 이동 지도

그렇다면 중심 공간이 옮겨지도록 움직여간 행위자들은 누구인가. 1부 1편에서 연곡사로 이동하는 행위자는 윤씨부인과 서희이며, 하동읍으로 이동하는 행위자는 용이·칠성·길상·봉순·월선·강청댁·평산 등이다. 그리고 서울로 이동하거나 서울에 대해 회상하는 행위자는 조준구와 최치수 등이다. 2편에서 연곡사로 이동하는 행위자는 최치수와 그를 수행하는 하인 삼수인데 이들은 지리산까지 올라가고 있다. 그리고 하동읍으로 이동하는 행위자는 용이와 평산이다. 3편에서 하동읍으로 가는 행위자는 강포수 길상·돌이·용이 등이다. 평사리 북쪽으로 추가된 공간 중 죽림골은 윤씨부인과 서희가 이동해 가는 곳이며 산청, 쌍계사, 화개 등은 강포수의 이동 경로이다. 4편에서 가장 북쪽에 위치한 공간은 연해주인데 이곳은 이동진이 서울에서 하동으로 귀향하면서 회상하는 과거의 공간으로 등장한다. 다음으로 북쪽에 위치한 서울은 사실, 앞의 3편까지에서 조준구와 관련하여 회상, 과거화 등으로 등장했다가 연해주에서 돌아오는 이동진의 경로로 이용됨으로써 현재의 공간이 된다. 4편에서 하동읍으로 이동하는 행위자는 용이와 이동진이다. 5편에서 평사리 북쪽에 위치한 공간과 관련된 행위자는 환이이며 하동읍으로 가는 행위자는 용이·월선·봉순·두만아비·장서방·홍이·임이네·길상 등이다. 이들의 움직임을 크게 대별해 보면 평사리를 중심으로 하여 상향 이동하는 계층은 주로 양반들이고 하향 이동하는 계층은 주로 평민들이다. 이동진은 양반의 신분이기는 하나 독립운동을 위해 주로 연해주에서 활동하며 단 한 번 하동읍으로 귀향하면서 하향 이동을 하고 있는데, 그의 양반 계층적 성격은 극히 미약하게 발휘되고 있다. 따라서 최서희가 부산, 청진을 거쳐 용정으로 가기 위해 하동읍으로 하향 이동한 것은 눈여겨볼 만하다. 이것은 그의 양반 계층적 성향이 상당히 약화되었음을 드러내는 것으로도 읽힐 수 있기 때문이다.

〈토지〉에 나타난 공간의 이동을 중심으로 그려진 지도를 통해서 우리가 새롭게 발견할 수 있는 것은 우선, 평사리가 폐쇄적이고 닫혀져 있는 공간이라기보다 오히려 끊임없이 외부와 소통하고 있는 공간이라는 것이다. 그리고 최참판가를 중심으로 응결되어 있던 평사리의 힘은 최참판가의 불안정성으로 인해 분산되고 이동되는데, 이동되어 나아가 힘이 정착한 곳은 간도의 용정이다. 용정으로의 이동은 단순하게 공간의 확산으로 오해되기 쉬우나 지도는 확산 이전에 서술의 중심 이동임을 나타낸다.

3. 공간 이동과 서술적 특징

3-1. 생략 서술의 유형과 특성

〈토지〉의 서술적 특징으로 지목되어 온 것은 회상, 전언, 후일담 등 주로 과거 진술의 방식과 '작가의 설명' 혹은 '주석적 설명'으로 풀이되는 서술자의 직접적인 진술이다. 〈토지〉에서 "소설의 원경으로 물러앉은 정치사적 사건들은 대개 소설 속 인물들의 회상을 통해 그 부분적인 모습을 드러내"[18]거나 서술자가 직접 나서서 요약, 설명, 평가하는 것으로 제시된다. 또한 허구적 사건들은 "행위의 묘사가 과감하게 절제되거나 생략되어 있다. 마찬가지로 사건에 대해서도 행위의 차원에서는 거의 묘사되고 있지 않다."[19]고 해도 과언이 아니다.

---

18) 임진영, 앞의 글, 65쪽.
19) 김진석, 「소내하는 한의 문학: 〈토지〉」, 『〈토지〉비평집 2 - 한·생명·대자대비』, 솔출판사, 1995, 248쪽. (김진석은 이 글에서 이처럼 행위와 사건이 중심적이지 않은 〈토지〉의 서술법은 등장인물들이 영웅도 아니고 그렇다고 소외되지도 않고 소내(疎內)하는 존재들임을 보여주는 것이라는 주장을 편다.)

회상이란 행위자에게 초점화된 회상을 말하며, 행위자 없이 지난 일에 대한 서술자의 회고나 요약 설명은 '주석적 설명'으로 본다. 〈토지〉의 서술자는 숨어 있지 않고 표출되어 있는데, 1부에서 5부로 갈수록 표출 정도는 더욱 심해진다. 전언이란 등장인물간의 긴장관계가 고조되었을 때, 혹은 사건을 전개해 나가다가 그것을 덮어두고 다른 장면으로 돌려 독자들의 마음을 그 일로부터 잠시 거리를 두게 하였다가, 갑자기 인물들이 나누는 대화를 통해 사건의 결말을 알게 하는 방식이다.[20] 과거화란 한 행위자가 공간을 이동하되 이동의 동기나 과정은 생략된 채 도착을 알리는 과거형 서술로 이동이 완료되는 것을 지칭한다.

회상의 예로는 평사리의 최치수가 서울에서 조준구와 기생집이며 여기 저기를 방탕하게 전전하던 몇 해 전의 일을 회상하는 것, 용정에서 용이가 용정촌 대화재가 일어나 임이네 등과 지옥같이 보냈던 며칠 전을 회상하는 것 등을 들 수 있다. 주석적 설명은 후경으로 제시되는 정치적, 역사적 사건들이나 실존 인물들에 대한 설명에서 가장 많이 찾아볼 수 있고, 〈토지〉의 허구적 인물들에 대한 이해를 돕기 위해 주석적 설명이 가해진 것도 쉽게 찾아볼 수 있다. 예를 들자면 "올해 들어 서울서는 정부 전복을 모의하다가 발각된 사건이 두 번인가 있었다."(1부 1편 7장)로 시작하여 갑신정변이 일어난 서울의 정치적 상황에 대해 상세하게 설명하는 것과, '윤보는 정말 속 편한 사내'였다고 하면서 윤보에 대한 이야기를 장황하게 설명하는 것이 여기에 속한다. 전언은 노루고기를 먹고 죽은 최치수 부친의 죽음을 간난할멈이 봉순네에게

---

20) 정현기는 이러한 생략법을 고대소설이 자주 사용했던 의도적인 틈보이기로 설명한다. 정현기의 「〈토지〉 해석을 위한 논리 세우기」(『작가세계』 1994. 가을, 110쪽) 참조.

들려주는 것이라든가, 기화의 죽음을 전하는 대화 등을 예로 들 수 있다. 과거화의 경우는 조준구가 김훈장과 장시간 대화를 나누고 난 후 다음 행적은 생략된 채 "이튿날 부랴부랴 채비를 차린 조준구는 서울로 떠났다."(1부 5편 7장)고 하여 조준구의 이동을 과거화한 것, 이상현이 서희를 찾아갔다가 길상과의 혼인 운운하는 말을 듣고 나온 이후 행적이 생략된 채 연추로 떠난 것으로 서술되는 것 등이 예가 된다. 사실, 회상이나 전언, 주석적 설명, 과거화 등은 모두 행동의 생략이자 사건의 축약이다. 이러한 방법이 장편소설, 대화소설의 경우에 복잡한 플롯을 처리하는 방법으로 용이하기는 하지만 한편으로는 아쉬움을 남기기도 한다. 생략의 예로 가장 많이 지적되어 온 사건은 서희와 길상의 결혼이다.

대지주 최참판가의 자손 서희가 근본도 모르고 머슴처럼 지내던 길상과 결혼할 수도 있음을 짐작케 하는 것은, 평사리를 떠나 용정에 정착한 후 서희가 자신을 사모하는 상현을 앞혀 놓고 의도적으로 길상과의 결혼 가능성에 대해 의견을 타진하는 장면에서다. 길상은 회령에서 잠시 옥이네와 인연을 맺고 있었는데, 서희는 그 소문을 들은 때문인지 회령행을 고집한다. 결국 회령에 간 서희가 옥이네를 만나고 용정으로 되돌아오는 길에 달리던 마차가 전복되는 사건이 벌어지는데, 이 사건이 "그들에게 결정적인 계기"[21])가

---

21) 〈토지〉 6권, 마로니에북스, 2012, 128쪽.(이하 작품 인용은 마로니에북스 판본으로 권과 쪽수만 표기하도록 한다) 이 마차 전복 사건이 '결정적인 계기'였다고 서술자는 말하고 있으나, 병원에서 그들의 관계를 묻는 의사에게 길상이 "내 처 될 사람이오."(6권 144쪽)라고 한 번 말한 일이 있을 뿐이어서 그 사건을 '결정적 계기로서' 독자 스스로 짐작하고 상상해야 한다. 그때의 상황은 길상의 다음과 같은 짧은 회상으로 처리되어 있는데, 이 회상으로 긴박한 상황이 둘 사이의 갈등을 잠재울 수 있도록 했다고 볼 수 있겠다.

되어 이후 서희와 길상은 혼인한 것으로 서술된다. 그러나 그들의 결혼과 관련된 장면은 작품 어느 곳에서도 찾아볼 수가 없다. 사실, 서희와 길상의 결혼이 성사되기까지의 과정이라든지 결혼 장면은 신분 제도의 파괴라든지 문화·풍속의 재현 등과 같은 측면에서만 주목을 끄는 것이 아니다. 길상과 봉순의 어릴 적 감정, 서희에 대한 상현의 연정, 상현과 길상의 갈등, 길상과 옥이네와의 관계, 김훈장·이동진·송애 들의 갈등 등 숱한 관계망 속에서 그들의 결합은 지금까지 진행된 하나의 커다란 플롯이 정리되고 새로운 플롯이 형성되는 계기로 작용하고 있으므로 보다 극적인 구성이 요구되기도 하는 것이다.

　서희와 길상의 결혼 장면이 생략되어 있는 것과는 대조적으로 홍이와 보연의 결혼 장면은 비교적 상세하게 서술되어 있다. 3부 2편 16장 '혼례' 항목에서 홍이의 결혼을 자세히 다루었다. 결혼이 성사되기까지의 과정은 물론 홍이의 이동 경로가 "이월 열하룻날, 늦은 아침을 먹을 시각쯤 드디어 홍이는 친영(親迎)길을 떠나려고 말에 올랐다. 통영까지는 당일에 갈 수 없었으므로 남해로 돌아서 그곳에서 하룻밤 중방에 들었다가 내일 아침 뱃길로 통영에 갈 것이다."로 시작하여 구체적으로 제시되었다. 또한 폭우가 쏟아지고 초례청에 쓰였던 닭이 죽는 둥 불길한 징조들을 내세워

　　　악몽이다. 그것은 순전히 악몽이다. 서희의 음성을 듣고 있는 길상은 눈이 희끗희끗 쌓인 언덕 아래서 망가진 인형처럼 기절한 서희를 안고 미친 듯이 입김을 불어넣던 그때 얼굴, 입술의 감촉을 기억할 수가 없다. 실낱 같은 숨결을 뽑아내는 서희를, 솜두루마기를 벗어 싸안고 언덕 위로 올라온 일, 그곳서 십 리를 걸어 마을에 당도한 일, 마차를 빌려 회령까지 달려온 일, 그 밖의 일을 기억할 수가 없다. 마차바퀴가 눈앞에서 아물아물 선회하고 있을 뿐, 눈밭 위의 선혈이 망막 속에 조금 남아 있을 뿐 다른 죽음이 있었는지, 아무것도 기억해낼 수가 없다. (6권, 133쪽)

긴장감을 조성하면서 이 결혼에 주목하게끔 하고 있는 것이다. 이처럼 결혼이라는 동일한 사안이라도 작가는 때로는 생략하고 때로는 상술한다. 그럼에도 불구하고 〈토지〉의 서술적 특징이 생략에 있는 것처럼 여겨지는 것은 대개의 독자가 중요하게 여기는 사건, 결정적인 순간의 행위, 그리고 역사적인 사건 등을 생략하거나 축약하여 우회적으로 서술하고 있기 때문으로 보인다.

3-2. 지도에 나타난 서술의 실제

지도에는 ①행위자에게 초점화된 회상, ②지난 사건에 대한 서술자 주석적 설명 ③인물들이 나누는 대화를 통해 사건의 결말을 알게 하는 전언, ④한 행위자가 공간을 이동하되 이동의 동기나 과정은 생략된 채 도착을 알리는 과거화, 그리고 ⑤서술 시간의 현재 등을 각기 다른 기호로 표시하였다. 특히 회상은 점선으로 서술 시간의 현재는 직선으로 표시하였다.

이렇게 그려진 지도를 살펴 보면 ⑤서술 시간의 현재에 이동하는 빈도가 가장 많고, 그것은 대부분 한 공간 내부에서의 짧은 이동이다. 대체로 한 장(章)에는 한 공간 내에서 벌어지는 사건들이 다루어지는데, 일정 공간 안에서 사건이 진행되다가 행위자의 공간 이동이 일어날 경우 특히 장거리 이동의 경우 동기·과정·경로 등이 생략되는 경우가 많다. 반면 단거리 이동인 경우에는 대체로 구체적인 묘사를 하면서 현장화하고 있다.

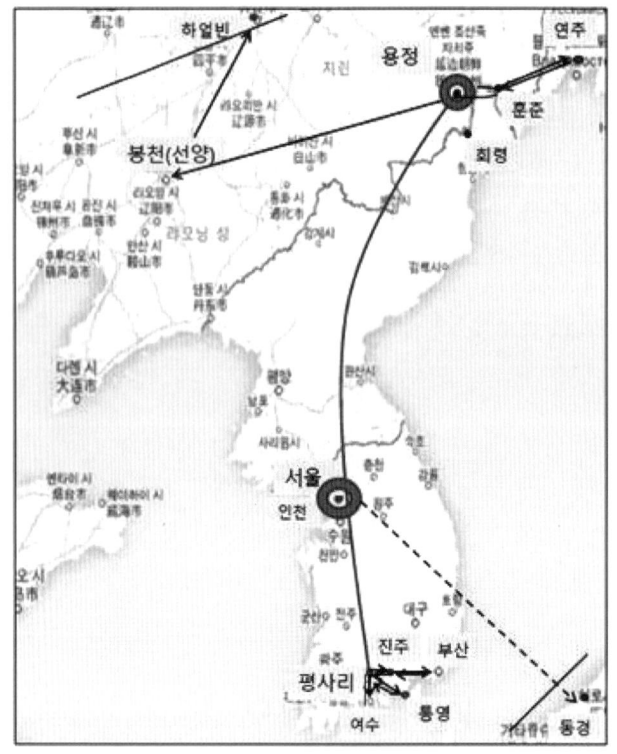

[그림 5] 〈3부 3편〉 공간 이동 지도

  각 부별 특징을 비교해 보면 1부보다는 5부가 회상과 주석적 설명이 자주 장황하게 나타나며 3부에서부터 과거화가 더욱 빈번해져 서술의 한 방법으로 자리잡는다. 또 각 부의 1편이 회상 서술에 있어서 상대적으로 조금이나마 늘어나 있다면, 5편은 곳곳으로의 이동이 많아지고 다양한 서술적 특성을 두루 보이고 있어 행위자의 활동이 활발해지는 것으로 파악된다. 회상의 경우 평사리에서 용정, 용정에서 진주, 평사리에서 장춘 등으로 지리적으로 먼 거리를 이주해간 직후보다는 어느 정도 정착의 분주한 시기가 지난 이후에 이전 공간에 대한 회상이 나타나는 특징을 보인다. 3부를 예로 들자면, 1편은 진주 정착기이기 때문인지 진주에 대한 현재 진술이 많은 비중을 차지하고 2편에서 용정, 3편에서 연추 일본 등을 주로 회상하고 있다. 한편 4부는 전반적으로 회상이 적고 대화가 압도적으로 많다. 그리고 대부분의 이동은 과거로 처리되어 있다.

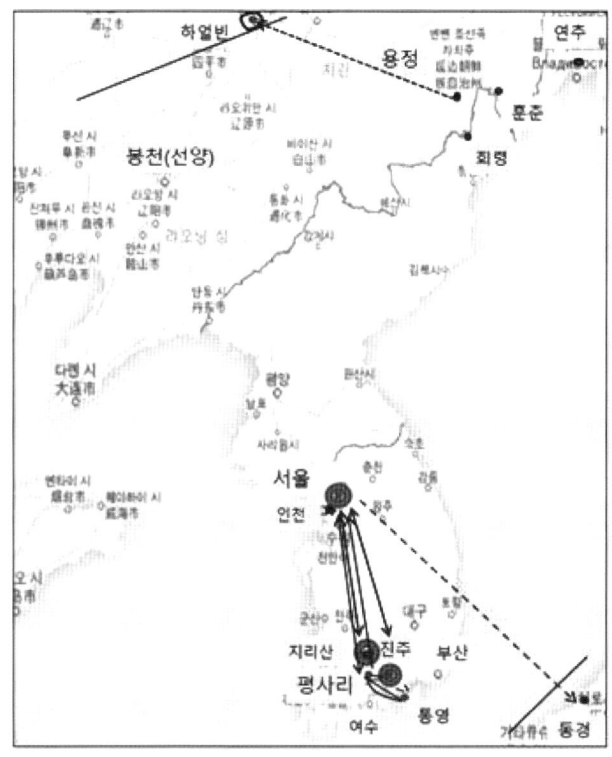

[그림 6] 〈5부 5편 전반부〉 공간 이동 지도

평사리를 출발지점과 도착지점으로 삼고서 지리산, 하동읍, 진주, 통영, 여수 등의 지역으로 왕복할 때나, 경남 지역간의 이동, 용정에서 회령 혹은 퉁포슬에서 용정으로 이동할 때, 또 서울 안에서의 이동 등엔 대개 행위자에게 초점을 맞추어 이동 경로에 나타나는 외경이 구체적으로 묘사되는 현재 진행의 서술인 경우가 많다.

반면 간도나 만주 일본 등으로의 장거리 이동 과정은 거의 생략되어 있다. 오가다 지로의 만주 여행은 예외적인 경우에 속한다. 장거리의 이동을 서술의 현재로 이끌어내었을 경우 서술의 어려움이라든가 작품 구성의 문제 등은 짐작해 볼 수 있겠는데, 특기할 민힌 것은 용정에서 회령이나 연추로의 이동은 상대적으로 짧은 거리이면서도 이동 경로의 구체적인 묘사를 찾아보기 힘들며 이동 과정이 거의 생략되어 있다. 용정과 회령 사이 수차례의 이동이 있었음에도 불구하고 용정에서 회령으로 가는 도중 신흥평에서 길상이와 옥이네가 조우하게 되는 장면과 회령에서 용정으로 가는 길 서희와 길상이 타고 있는 마차가 전복되는 사건이 유일하게 서술의 현재로 다루어지고 현장 묘사가 들어간 경우이다. 그러고도 이 사건들은 과거 회상으로 처리되는 부분이 많다.

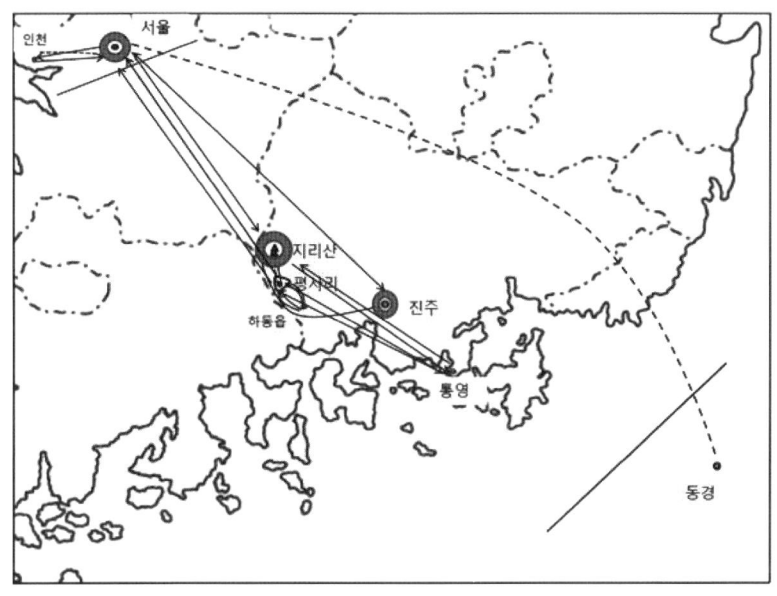

[그림 7] 〈5부 5편 후반부〉 공간 이동 지도

　〈토지〉의 서술적 특징으로 지목되어 온 회상, 전언, 후일담 등은 생략함으로써 독자의 호기심을 부추기고, 다양한 해석을 낳는 대화의 특성으로써 독자의 상상을 적극적으로 유도한다는 점에서 긍정적으로 평가되어 왔다. 그러나 지도를 통해 확인해 본 것처럼 이 서술적 특징은 어떤 창작 원리로 작용하고 있는 것으로 보기는 힘들다. 오히려 작가의 체험한 공간에 대한 적극적인 진술과 체험하지 못한 공간에 대한 소극적인 진술로 이해된다. 그렇다면 서술의 생략은 부정적으로 그리고 극단적으로 비판을 가할 경우 서술의 회피로 받아들여질 우려도 있음을 부인할 수 없을 것이다.

4. 주요 공간 특성의 변모

〈토지〉의 주요 공간들은 작품 외적으로 벌어진 역사적 사건에 의한 변화를 논외로 할 때, 작품 전체를 통해 정체된 특성을 갖는가 하면 서사의 흐름에 따라 성격이 변화하기도 한다.

평사리의 경우 최참판 가를 중심으로 농민을 비롯한 마을 사람들이 강한 응집력을 가지고 있음을 전제로 한 상태에서 서사를 시작한다. 이후 사회신분제도가 폐지되었음에도 불구하고 최참판 가와 평사리 마을 사람들의 관계는 여전히 종속적인 것처럼 보이는데 이것은 제도가 실질적으로 사람들에게 체득되어 정착하기까지는 어느 정도 시간이 필요함을 드러내 보이는 것이기도 하겠지만, 지주와 소작인의 관계에서 있을 수밖에 없는 경제적 강제성도 영향을 미치고 있는 것으로 보아야 할 것이다. 그러나 이러한 관계는 최치수가 살해당하고 윤씨 부인과 그의 심복들이 전염병으로 죽은 후에 급속도로 변한다. 최참판 가의 유일한 핏줄인 최서희는 더 이상 어떠한 권력으로 마을 사람들과 관계를 유지하는 것이 아니라 친일파 조준구에 맞서는 운명적 공동체가 되는 것이다.

결국 최서희와 평사리 마을 사람 일행은 간도의 용정으로 함께 도피해 가는데, 그들이 평사리를 떠나면서 조준구의 세력이 확장되고 남아 있는 평사리 마을 사람들은 조준구와 지주-소작인의 관계를 맺게 된다. 그렇다고는 해도 평사리 마을 사람들이 최참판 가와의 관계 속에서 보여주었던 결속력을 조준구와의 관계에서도 발견할 수 있는 것은 아니다. 지주와 소작인의 관계라는 점에서는 유사하지만 최참판 가와 마을 사람들 사이에 내재되어 있는 오랜 시간 동안 쌓여온 관습적 친분 관계는 친일파 조준구가 얻어낼 수 있는 성질의 것이 아니었다. 요컨대 평사리는 농촌 공동체로서 지주와 소작인의 관계가 지속되는 공간이기는 하나 지주가 최참판가에서 조준구로 다시 최참판 가의 서희로 바뀌면서 관계의 성격을 달리하고 있는 것이다.

  최서희와 그의 일행이 새로운 정착지로 선택한 용정은 평사리와는 전혀 다른 사회 구조를 지니고 있어 적응과 모색의 공간이 된다. 서희의 일행이 용정에 도착한 것은 1908년이며, 실제로 당시 간도에는 10만 명이 넘는 한국인이민들이 거주하였다고 한다. 물론 서희 일행의 이주 동기는 당시 실제 조선인들의 이민 동기와는 차이가 있다. 당시 조선인들은 동척 등 일제의 경제적 침탈과정에서 빈곤에 견디지 못하고 이주하였다면, 서희 일행의 이주 동기는 범박하게 말해 일제를 등에 업은 조준구와의 대결에서 실패한 때문이라고 할 수 있다. 용정에서 서희는 공노인의 도움을 받아 부를 축적해나가고, 길상과 결혼하여 최참판 가의 재건을 도모한다.

  평사리의 친일파 인물이 조준구였다면, 용정의 친일파 인물로는 김두수를 꼽을 수 있다. 김두수는 최치수를 살해한 김평산의 장자로서 아버지의 죄업으로 평사리를 떠나게 된 김거복이다. 그는 연해주와 간도를 중심으로 일경의 끄나풀로 활동하다가 높은 지위에까지 오르게 되는데, 관수는 이것을 이용해 김거복의 동생 김한복을 독립운동자금 운반책임을 맡기기도 한다. 이렇게 용정은 김한복이 오랫동안 소식이 끊겼던 형 김거복을 만나러 가는 곳이며, 역시 오랫동안 소식이 끊겼던 봉순이(기화)가 서희와 길상을, 김환이 길상과 서희를 만나러 가는 곳이기도 하다. 조선땅에서 헤어져야만 했던 인물들이 조우하고 화해하게 되는 공간이 바로 용정이라고 할 수 있다. 또한 용이와 월선이나 서희와 길상이가 평사리에서는 이루지 못하였을 인연을 지속할 수 있게 되는 공간이 용정이다.

그렇다면 용정은 서희가 부를 축적하여 잃었던 힘을 되찾게 되고, 월선이 삼촌 공노인과 용이의 보호 아래 홍이와 더불어 인간답게 살게 되는 곳이자, 끊어졌던 인간관계들이 회복되는, 그 어느 공간보다도 건설적인 공간이라고 할 수 있다. 역사적으로 볼 때 용정, 간도는 중국인 지주들의 횡포나 일경의 폭력이 난무한 지역이지만 〈토지〉에서 그러한 성격은 부각되어 있지 않다. 〈토지〉에서 용정은 암울한 조선땅을 벗어나 있는 상대적으로 자유롭고 개방된 공간으로서 상처가 회복되고 새로운 관계가 형성되기도 하는 생동하는 공간인 것이다.

세대 교체가 이루어진 후 그 중심에 있는 홍이와 영광 등이 활동하는 주요 공간은 만주의 신경이다. 4부 5편과 5부 1편은 한반도 내에서 벌어지는 사건이나 행위가 거의 나타나지 않고 있으며 이때의 중심 공간이 곧 신경인 것이다. 신경은 오늘날의 장춘(長春)을 가리킨다. 사실 신경의 본래 지명은 장춘이었으나 1934년 일본국에 의해 만주국이 성립된 후 수도로서 '신경(新京)'이라 개칭되었고 정치, 문화, 경제의 중심지가 된다. 이곳은 〈토지〉에서 줄곧 신경으로 일컬어지고 있는데, 2부에서 단 한번 장춘으로 언급되는 일이 있다. 송장환이 홍이와 정호 등 학생들에게 민족의식을 심어주는 장면에서이다.

용정으로 되돌아간 홍이가 굳이 장춘에서 정착하는 것으로 설정된 것은 아마도 그곳이 조선의 영토였다는 역사적 의미보다, 홍이의 직업이 운전사였고 장춘은 중국 역사상 최초로 자동차 공장이

세워진 공업이 발달한 곳이라는 데에 주안점이 있었을 것으로 보인다. 장춘의 도시적 특성은 서울과 비교된다. 서울은 지식인들의 방황, 신여성들의 서양문물에 대한 무비판적 수용, 민족 정체성을 잃어버린 상류층의 갈등이 빈번하게 서술되고 있으나 장춘에서는 그러한 점을 찾아보기가 쉽지 않다. 이것은 장춘이 새로운 수도이면서 한편으로는 만주의 특성을 지닌 때문으로 보인다. 그리고 차츰 만주는 지리산과 함께 독립운동의 거점이 된다.

한편 지리산은 공동체적 성격을 띤다는 점에서 평사리와 유사성을 지닌다. 평사리가 농촌 공동체라면 지리산은 저항적 공동체라고 할 수 있다. 이때 지리산은 독립운동, 항일운동의 근거지로서 저항적 성격을 가질 뿐만 아니라 가난, 핍박, 차별 등 온갖 억압으로부터 풀려나기를 희망하는 사람들이 모여들어 공동의 선(善)을 회복해가는 공간이라는 점에서도 저항적이다. 평사리 마을 사람들은 지리산 숲속에 수백명의 의병이 있어 곧 치고 나올 것이라는 희망을 가지고 있다.

이와 같은 저항적 성격은 은신처, 도피처로서의 역할을 하면서 더욱 배가되는 것이기도 하다. 구천이와 별당아씨는 야반도주를 하여 지리산 연곡사를 찾아가며, 환국의 친구 김제생은 일경에 쫓기다가 환국의 도움을 받아 지리산 쌍계사의 도솔암으로 도피한다. 무엇보다도 동학 무리들의 은신처가 되었다가 그들이 다시 모여 훗날을 도모하는 곳이 바로 지리산이다. 그리고 만주의 독립운동가들과 선이 닿아 있는 이범호나 형평사 운동을 통해 관수, 석이 등과 알게 된 이범준 등도 지리산에 머물면서 독립운동을 모의한다.

뿐만 아니라 지리산은 안또병 가족처럼 땅을 빼앗기고 소작인으로 전락하였다가 빚독촉에 쫓기어 숨어드는 곳이자, 가난으로 가족을 잃은 어린아이 몽치가 살아가는 곳으로 억압과 착취에 시달리던 민생들의 안식처가 되기도 한다. 이 밖에도 지리산은 일제의 징용을 피해 장정들이 몸을 숨기고 있는 곳이며, 양반 신분의 소지감과 하기서, 중인출신의 성도섭 등이 중생의 번뇌를 이기지 못하고 해탈하고자 찾아드는 곳이며, 서울 중인의 임명빈이 요양차 머무는 곳이기도 하다.

지리산은 이렇게 다양한 사연을 가지고 차츰 차츰 많은 사람들이 모여들게 되면서 갈등이 일어나기도 하지만, 서로가 의견을 나누고 도움을 주고받으면서 어려움을 극복해 나간다. 요컨대 지리산은 억압, 핍박, 착취, 차별 등의 고통이나 생사의 번뇌를 안고 모여든 다양한 계층의 사람들이 공동의 선을 모색하고 추구하는 공간이라고 할 수 있다.

일반적으로 시간과 공간의 개념은 사회적으로 습득되고 강제되는 사회제도로서의 성격을 지니고 있어서, 역사적인 기원이 망각된 채 개개인의 경험과 행동, 판단을 선험적으로 규정하곤 한다. 그러나 〈토지〉에서 서울은 통념적으로 인지되는 도시 혹은 수도로서의 특성, 그리고 앞에서 지적되었던 '지식인들의 방황'과 '신여성과 같은 서양문물의 부정적인 영향', '민족 정체성을 잃고 흔들리는 상류층의 반민족성' 등 작품 전체에 공통적으로 전제 되어 있는 서울의 특성 이외에 서사 흐름에 따라 성격이 변모되는 독특한 공간으로 부각된다.

우선 제1부에서 서울은 조선이 처해 있는 역사적 소용돌이의 현장으로 언급되면서도 현장의 실감이 아니라 떠도는 소문으로 존재한다. '듣자니까 서울서는', '소문에 의하면 서울서는', '듣자니께 서울사람들은' 등과 같은 전제 하에 서울에서 벌어진 사회 역사적인 사건들이 전언되는가 하면, 서울을 왕래하는 사람들에게 그곳의 정황을 묻고 서울에 대해 대화를 나누는 것이 전부다. 그러나 그 서술의 비중은 1부에서 상당한 무게를 가지고 있다. 서울의 변화는 곧 시국의 변화이며, 서울 사람은 개명한 사람으로 여겨지기 때문이다.

 1부에서 서울과 가장 밀접한 연관을 맺고 있는 인물은 조준구라고 할 수 있다. 이는 평사리 마을 사람들에게 있어서 조준구는 서울 양반으로 통하며 서울의 소식을 전해주는 통로가 되기 때문이다. 조준구와 더불어 서울에 긴밀하게 닿아 있는 또다른 인물은 윤보다. 평사리 마을 사람들에게 윤보는 가끔 서울에서 목수 일을 할 뿐만 아니라, 일본에 저항하는 독립운동과도 관련있는 인물로 여겨진다. 우선, 최참판가 사람들에게 '서울 손님'으로 등장하는 조준구에 대한 첫인상은 주목해볼 필요가 있다.

> 윤씨 부인에게 인사를 올리고 물러난 서울 손님이 길상을 따라 사랑으로 발길을 돌렸을 때 어정대고 있던 하인들과 계집종들의 눈은 일제히 그의 뒷모습으로 쏠렸다. 육 년 전이었던지 서희가 갓 났을 무렵, 잠시 동안 다녀간 일이 있는 최치수의 재종형 조준구였다. 그러니까 치수의 조모, 조씨부인 오라버니의 맏손자인 것이다.
> 조준구가 사랑으로 사라지자 하인들, 계집종들이 수군거리기 시작했다.
> "몇 해 전에 한분 오셨제?"
> "와 아니라. 그때는 갓 쓰고 도포 입고 인물이 훤하더마는 지금은 영 숭없게 됐구마."
> "옷이 망했네. 까매귀가 보믄 아재비라 안 카겄나."

"제비가 보믄 할아배야 하겄다."
킬킬 웃는다. 검정빛 양복에 모자, 구두를 신은 서울의 신식 양반 조준구는 상체에 비하여 아랫도리가 짧은데다 두상은 큰 편이었으므로 하인들 눈에도 병신스럽게 보였을 것이며, 하인들은 그것을 양복 탓이라 생각하는 모양이다. 조씨댁의 내림이 그러하였던지 생시 조씨 부인도 작달막한 몸집에 다리가 무척 짧았었다. (1권 194쪽)

위의 인용문을 살펴 보면 최참판가의 사람들은 '서울의 신식 양반'인 조준구를 우스꽝스럽다고 여긴다. 이것은 1900년을 전후로 한 당시 조선의 일반 백성들이 가지고 있었던 신문물에 대한 가치관과 크게 다르지 않다. "새로운 문물제도는 오백 년 세월 동안 쌓아올린 가치관을 뒤죽박죽으로 만들어놓고야 말았"으며 "상층에 이를수록 그것은 심하였고 중앙에 가까울수록 급격한 것"이었기에 평사리의 사람들은 오히려 그 변화를 합당치 않은 것으로 받아들이는 것이다.

다음 제2부에서 서울은 서희가 조준구로부터 평사리의 땅을 되찾을 수 있게 되는 계략의 공간이다. 그 계략의 주동자는 공노인이며 여기에 기화나 황태수 등이 협력한다. 조준구는 금도 나오지 않는 광산을 속아서 사면서 장안의 갑부 황춘배(황태수의 아버지)에게 땅문서 절반을 잡히어 빚을 내게 되는데, 황태수는 아버지를 설득하여 그 땅을 공노인에게 넘기게 되는 것이다. 공노인은 서희의 부탁을 받고 서울에 도착한 뒤 '조준구와의 지략적(智略的) 싸움'에 열중하며, 공노인을 돕는 것은 서울에서 이름난 기생이 된 봉순이, 기화이다.

제3부에서 서울은 성장의 공간이라고 말할 수 있다. 길상이 용정에서 체포되어 서울 서대문 구치소에 수감생활을 하게 되면서

서희와 환국이 서울을 오가며 정신적인 성숙의 이루어가는가 하면, 석이는 기화를 만나 신교육을 받고 또 한편으로는 아름다운 청춘의 추억을 간직하게 된다. 용정에서 함께 돌아오지 않은 길상에 대해서 서희가 품고 있었던 원망이나 비난의 심정이 변화하는 것은 바로 길상의 수감 생활 때문이라는 것을 다음과 같은 장면에서 엿볼 수 있다.

> 왜 돌아왔을까. 반드시 조선으로 돌아와야만 했을까. 아버지와 아들이, 남편과 아내가 헤어져야 했던 이유가 이제 와선 무의미한 것이 되어버렸다. 서대문의 붉은 담벽은 뉘우침의 매질을 하였고 아들의 창백한 얼굴도 뉘우침의 매질을 한다. 과거는 무의미한 것이며 없는 것이며 죽은 것이다. 현재만이 살아 있는 것, 미래만이 희망이다.
> (11권 299쪽)

그러나 길여옥은 서울에 대해 상당히 부정적이다. "서울 오면 안 일해지고 마음에 벌레가 생길 것 같다"고 하는가 하면, 이와는 달리 시골에서는 "개척자가 된 기분이 들어서" 보람을 느끼게 되고 또한 시골의 가난한 사람들의 믿음은 서울의 부자들보다 확실하고 순수한 것으로 여기고 있다. 사실 임명희나 이상현 등 몇몇의 신교육 수혜자들은 지식인이라기보다 룸펜에 가까운 생활을 하고 있어 서울의 지식인들에 대한 작가의 부정적인 시각을 드러낸다.

다음 제4부에서 서울은 자주 등장하지는 않지만 사회 운동이나 독립운동의 본원지가 되고 새로운 경험의 공간, 실험적 공간이 된다. 윤국은 가출한 뒤 기대에 부풀어 서울로 간다. "가슴을 펴고 서울거리를 걷던 생각이 난다. 하늘은 높고 넓었으며 두려울 것이 없었던 자기 자신의 넓은 가슴, 젊음이 자랑스러웠고 입은 채 집나갔기 때문에 몰골은 말이 아니었지만 비로소 자기 자신은 자기 능력에 의해 가고 있다는 확신, 희열에 전율을 느끼곤 했었다." 그러나 '청조' 발행인들과의 만남 이후 학생신분의 한계, 현실에 대한 좌절감 등을 안고 평사리로 돌아온다.

마지막으로 제5부에서 서울은 전운이 가득한 암울한 공간에 다름 아니다. 일본은 전쟁물자보급을 위해 수탈의 수위를 높이고 육군지원병제도를 채택하는 등 많은 조선인을 강제징용하여 전쟁터로 내모는 한편, 독립운동 혐의자들을 대대적으로 검거 구속한다. 이에 권오송이나 길여옥 등이 구속 수감되어 고초를 겪게 된다. 서울의 암울한 상황은 다음과 같은 환국이의 심정에도 잘 나타나 있다.

> 요즘 서울에서도 심심찮게 공습경보의 사이렌이 울리곤 했다. 그러면 서울은 순식간에 암흑천지가 되는 것이었다. 어쩌다가 꾸무럭거리거나 잘못되어 불빛이라도 새나오는 경우가 있으면 경방단원들이 쳐들어와서 집주인을 구타하기 예사, 파출소까지 끌려가는 등 거의 광란의 소동이 벌어지는 것이다. 무시무시한 그 암흑의 세계, 숨막히는 시간, 도시는 한동안 가사상태에 빠진다. (20권 243쪽)

한편 친일파 김두수 역시 서울에 머무르면서 전쟁에 대한 불안을 드러내는데, 그가 불안한 것은 정황에 있어서 일본이 불리해지고 있다는 판단 때문인 것으로 보인다. 서울로 찾아온 한복에게 두수가 "대일본제국은 절대로 지지 않는다"고 강변하는 장면은 오히려 역으로 그의 불안감을 드러내 보이는 것이기도 하다.

이처럼 서사가 진행되면서 행위자들이 서울에 대한 인식의 변화를 보이고 있다는 점이 여타 다른 공간과 서울의 큰 차이점이다.

그렇다고는 해도 기본적으로 서울에 대한 통념 자체가 사라진 것은 아니다.

5. 공간 연구의 기대와 전망

 서사를 지리적인 지도에 옮겨 놓고 그것을 통해 소설의 공간을 연구하는 것은 아직까지 실험적 시도에 불과하다. 따라서 지도 작성의 방법과 구체적인 분석의 방법 등 해결해야 할 문제가 산재해 있다. 그럼에도 불구하고 소설의 지도화는 공간 연구에 있어서 유용한 작업이다. 소설의 배경이 실체로 존재하는 경우나 지리적·역사적 특성이 작품에 반영된 경우는 더욱 그러하다.
 본 연구에서 지도의 작성과 분석을 통해 얻은 〈토지〉의 공간적 특징은 다음과 같다. 우선 1부의 경우 평사리를 중심으로 하여 북서쪽에 위치한 연곡사 남동쪽에 위치한 하동으로 연결되는 사선의 패턴을 발견할 수 있었다. 이 패턴은 행위자들이 끊이없이 평사리를 오고가며 서사의 흐름에 따라 점차로 그 이동의 폭이 넓어지고 있음을 알게 했다. 특기할 만한 것은 상향 이동하는 계층은 주로 양반들이고 하향 이동하는 계층은 주로 평민들이라는 것이다. 그리고 2부의 경우 새로운 공간으로 용정이 등장하는데, 행위자들 대부분이 용정과 그 근처 회령이나 연해주 등을 오가고 있어 서사의 중심 공간이 용정으로 이동해 갔음을 명확하게 보여준다. 한편 지도에 나타난 서술의 방식을 검토해 보면, 빈도수를 살펴보았을 때 현재의 이동이나 단거리 이동이 상당히 많았다. 이것은 〈토지〉 서술 방식의 특징으로 지적되어온 과거의 회상이나 전언 등이 사실 빈도수에 있어서는 적은 분량에 불과함을 보여주는 것인데,

그럼에도 불구하고 그와 같은 지적을 받아온 것은 서사 맥락에서 중요하다고 여겨지는 부분들이 현장묘사가 이루어지지 않고 과거 서사로 처리되면서 생겨난 현상이라고 할 수 있다.

다음 각 공간의 의미와 공간 구성적 특징은 다음과 같이 분석되었다. 평사리는 농촌 공동체로서 지주와 소작인의 관계가 지속되는 공간이기는 하지만 지주가 최참판가에서 친일파 조준구로, 그리고 다시 최참판가의 서희로 바뀌면서 그 관계의 성격을 달리하고 있다. 용정은 최서희와 평사리 마을 사람 일행이 새로운 정착지로 선택한 공간으로서 적응과 모색의 공간이며, 무엇보다 조선 땅에서 헤어져야만 했던 인물들이 만나서 화해하거나 평사리에서는 이룰 수 없었던 관계를 형성하는 건설적인 공간임이 주목되었다. 진주는 보수성과 진보성이 팽팽하게 긴장관계를 형성하면서 공존하는 공간이면서 한편으로는 한일 문화가 비교되는 등 항일 의식이 적극적으로 드러나는 공간이다. 만주는 〈토지〉에서 세대교체가 이루어진 후 주요인물들이 신경에서 주로 활동하면서 떠오른 공간이다. 이 만주는 차츰 독립운동의 거점이 되고 있다. 지리산은 저항적 공동체로서 독립운동의 근거지이기도 하지만 은신처, 도피처, 안식처 등의 역할을 하면서 그곳에 모여든 사람들이 공동의 선을 추구하는 이상적 공간이다. 서울은 다른 공간들과는 현격하게 다른 차이점을 보인다. 그것은 작품 전체에 전제되어 있는 서울의 특성, 즉 서양문물의 부정적인 영향이나 지식인들이 방황하는 공간으로서의 특성 이외에 서사 흐름에 따라 소문으로 존재하는 공간, 계략의 공간, 성장의 공간, 실험적 공간, 전운(戰雲)의 공간 등 성격이 변모되는 특징을 갖는 것이다.

무엇보다 〈토지〉의 공간지도는 데이터베이스 구축을 위한 중요한 컨텐츠로 활용 가능성이 높다. 데이터베이스 구축을 위한 학제 간 연구가 시작되면, 〈토지〉의 전문 파일과 지도를 연결하는 프로그램을 개발할 수 있다. 작중 인물과 지명을 미리 지정해 주면, 〈토지〉의 전문 파일의 단어를 검색하면서 인물들의 이동 경로를 지도상의 점과 선으로 표시해 주는 프로그램을 개발하는 일은 전혀 어려운 일이 아니다. 물론 이동의 성격을 다시 회상, 언급, 중간 경유지, 등으로 구분하는 것까지 프로그램이 처리하기에는 현실적으로 어려움이 있으므로, 프로그램을 최초 구동하면서 각각의 이동 성격을 수작업으로 직접 지정해 주어야 할 것이다. 하지만 이 작업은 그리 복잡하지 않으며, 한 번만 지정해 주면 이후부터는 다양한 옵션을 지정하면서 〈토지〉의 공간 지도를 비주얼하게 웹상에서 구현할 수 있다. 즉 서희나 길상이의 이동 경로, 2부 1편에서 인물들의 전체 이동 경로, 3부에서 5회 이상 등장한 공간, 회상 경로 등 다양한 옵션 하에서 〈토지〉의 공간 지도를 실시간으로 찾아볼 수 있는 데이터베이스의 구현이 가능한 것이다.

많은 결점이 있음에도, 본 연구에서 시도된 지도를 이용한 〈토지〉의 공간 연구는 여타 역사소설이나 대하소설의 공간 연구에도 유용한 초석이 되기를 기대한다. 지도는 길고 복잡한 서사를 분석 가능하게 단순화하고 특성화하며, 볼 수 없었던 것을 보게 하기 때문이다.

---

* 이 글은 「박경리 〈토지〉의 공간 연구」란 제목으로 2003년 8월 『현대문학의 연구』에 실린 글을 수정·보완한 것이다.

참고문헌

고승제, 『한국이민사연구』, 장문각, 1973.
김진석, 「소내하는 한의 문학: 〈토지〉」, 『〈토지〉비평집 2 - 한·생명·대자대비』, 솔출판사, 1995.
김치수, 「間島, 그 空間의 개방성」, 『문학사상』 통권 102호, 1981. 4.
박경리, 〈토지〉, 마로니에북스, 2012.
신용하, 『한국근대사회사 연구』, 일지사, 1987.
이 호, 「소설에 있어 공간 형식의 가능성과 한계」, 『공간의 시학』, 예림기획, 2002.
임진영, 「〈토지〉의 삶과 역사 의식」, 『〈토지〉와 박경리 문학』, 솔출판사, 1996.
장일구, 「소설 공간론, 그 전제와 지평」, 『공간의 시학』, 예림기획, 2002.
정현기, 「〈토지〉 해석을 위한 논리 세우기」, 『작가세계』 1994. 가을.
조정래, 「생존의 원리와 역사성」, 『〈토지〉와 박경리 문학』, 솔출판사, 1996.
최유찬, 「〈토지〉의 구조」, 『〈토지〉를 읽는다』, 솔출판사, 1996.
D'Arcy Wentworth Thompson, *On Growth and Form*, London: Dover Publication, Inc, 1992.
E. M. 포스터, 『소설의 이해』, 문예출판사, 1975.
Franco Moretti, *Atlas of the European novel 1800-1900*, New York: Verso, 1999.

Franco Moretti, 「문학의 지도: 이론, 실천, 실험들」, 『안과 밖』 2002년 상반기.

Joseph Frank, 'Spatial Form in Modern Literature', *The Widening Gyre*, Rutgers UP.,1963.

Yi-Fu Tuan, *Space and Place*, London: University of Minnesota Press, 1977.

인간주의 지리학 관점에서의 장소성 프로세스를 적용한 문학지리학 연구
―〈토지〉 속 평사리를 중심으로

김진영

1. 서론
2. 인간주의 지리학 관점에서의 장소성 프로세스를 적용한 문학지리학 연구방법론
3. 사례연구
4. 결론

1. 서론

문학은 장소에 대한 객관적인 사실에서부터 장소에 대한 해석에 이르기까지 다양한 정보를 담고 있기 때문에 문학 이론과 지리학을 비롯, 다양한 학문 분야에서 문학 속 장소에 대해 관심을 갖고 연구를 수행하였다. 문학 이론의 경우 의미론적 연구와 서술형식 상의 연구[1]를 통해 문학 속 공간을 연구하였으며,[2] 문학지리학에서는 문학 작품을 대상으로 다양한 지역적 사실, 사회 구조적 함의, 인간 내면과 장소에 대한 고찰 등에 관한 방식으로 문학 속 공간을 연구하여왔다.[3] 그러나 이러한 다양한 연구가 이루어졌음에도 이에 대한 연구방법론에 대한 논의는 아직 부족한 부분이 있

---

[1] 의미론적 차원의 연구는 문학 속 공간 또는 공간을 형성하는 요소가 작품의 서사와 주제 전달에 있어서 어떻게 관계하는지를 밝힌다. Chatman은 예술 작품에 통용되는 서사의 구성 형식 중 하나로써 공간을 제시하였는데 내용의 형식에 해당하는 이야기 공간(story-space)은 다양한 의미론적 차원 연구의 기반이 된다(시모어 채트먼, 한용환 역, 『이야기와 담론』, 푸른사상, 2003). 서술 형식 상의 연구는 Frank의 공간 형식(spatial form)에 의해 처음 시도되었는데 언어나 상황을 제시할 때 시간적 연속성보다는 공간적 동시성을 통해 제시될 것을 강조한다(Frank, J., *The Idea of Spatial Form*, New Brunswick:Rutgers University Press, 1991).

[2] 조윤아, 「공간의 성격과 공간 구성」, 최유찬 외 편, 『토지의 문화 지형학』, 소명출판, 2004. 황도경, 「소설 공간과 '집'의 시학」, 『현대소설연구』 17, 2002.

[3] Blunt, A., Geography and the humanities tradition, in S.L., Holloway, S.P.,Rice and G.Vallentine (ed), 2003, *Key Concepts in Geography*, London: SAGE Publications, 2003. Sharp, J.P., Towards a critical analysis of fictive geographies, *Area*, 32(3), 2000. Brosseau, M., *Geography's literature, Progress in Geography*, 18(3), 1994. 이푸 투안, 최지원 역, 「문학과 지리학: 지리학적 연구의 함의」, 『지역문학연구』 5, 1999. 심승희, 「문학지리학의 전개과정에 관한 연구: 토마스 하디의 소설을 중심으로」, 『문화역사지리』 1, 2001.

다. 본 연구에서는 인간주의 지리학 관점에서의 장소성 분석 모델을 제안함으로써 문학지리학 연구방법론을 구체화하고자 한다.

2. 인간주의 지리학 관점에서의 장소성 프로세스를 적용한 문학지리학 연구방법론

본 연구는 소설 속 장소성의 성격을 도출하기까지의 과정에 집중하여, 장소성을 보다 체계적으로 이해할 수 있도록 방법론을 제시한다. 이를 위해 기존 장소 연구의 다양한 흐름을 살펴본 뒤, 이 중 문학지리학 연구방법론에 적용될 수 있는 장소 개념을 중심으로 핵심개념을 확인한다. 그리고 인간주의 지리학 장소에 대한 개념을 구조화하여 장소성 프로세스를 나타내는 모델을 제안한다.

2-1. 장소연구의 흐름

장소는 근대 지리학에서부터 현재까지 당시 현상을 설명하기 위해 발전되어 온 개념으로 주목하는 초점에 따라 상이한 해석이 가능하다. 초기에 발달한 장소에 대한 연구는 장소 간 차이점에 대해 개성기술적으로 탐구하는 방법으로 이루어졌다.[4] 차이성에 대

---

4) Cresswell, T., *Place: a Short Introduction*, Malden, MA: Blackwell Publish, 2004. Castree, N., Place: connections and boundaries in an interdependent world, in S.L., Holloway, S.P., Rice and G.Vallentine (ed), 2003, *Key concepts in geography*, London: SAGE Publications, 2003. 이기봉, 「지역과 공간, 그리고 장소」, 『문화역사지리』 17(1), 2005. 백선혜, 「장소마케팅에서 장소성의 인위적 형성: 한국과 미국 소도시의 문화예술축제를 사례로」, 서울대학교 박사학위 논문, 2004.

한 장소 연구는 이후 인간과 자연을 탐구하는 연구 경향으로 이어졌으나, 계량혁명이 대두되고 공간 과학 전통이 주류를 이루면서 한동안 장소(place)의 의미를 찾기가 어려워졌다.[5]

공간과학 전통에 대한 저항으로 나타난 두 가지 흐름은 인간주의 지리학과 사회 구성주의적 전통이다. 인간주의 지리학은 Tuan, Buttimer, Seamon Relph 등의 학자로 대표되는데, 공간과학 전통이 비인간적이라고 비판하며, 인간 존재의 본질의 규정하는 방식으로 장소를 파악하고자 하였다. 인간 개인 및 집단의 생활세계(lifeworld)를 중시하였으며, 인간들의 다양한 장소성(sense of place) 혹은 장소 정체성(place identity)를 회복하고자 하였다. 그에 비해 사회 구성주의적 전통은 공간과학 전통에서 중시하는 객관성을 비판하였는데, 객관성으로 인해 현상 유지적인 정치적 개입을 하게 된다고 말하며 장소 배후의 구조적 측면을 보다 중시하여 이를 변화시키고자 하였다.[6] 주로 맑시스트나, 페미니스트, 후기 구조주의자들이 사회 구성주의 입장을 취했다.

이후 지리학자들은 인간주의지리학 혹은 사회 구성주의적 전통에서 명확히 설명하지 못하는 지구적 세계와 국지적 세계를 연결시키는 문제에 대해서 고민하였는데, 이에 대해 Agnew는 로케일로서의 장소(Place as locale) 개념을 소개하며 그 대안을 제시하였다.[7] 그는 장소는 본질적 정체성이 있으나, 이것은 장소 외부적인 힘인 세계화의 힘이 작용하여 사회적으로 구성되기 때문에, 장소는 국지적이면서도 비국지적인 것이라고 말한다.[8]

---

5) Castree, N., ibid.
6) ibid.
7) Agnew, J., *Place and Politics: The Geographical Mediation of State and Society*, Boston: Allen & Unwin, 1987.

장소 연구는 이러한 큰 변화 속에서 개념이 발전하였으며, 다양한 사례 연구 속에서 구체적이고 다양한 개념 연구가 이루어지고 있다. 시대의 흐름에 따라, 서로 다른 상황(맥락)에서 발전해 온 장소의 개념은 어느 것 하나가 옳다고 할 수 없으며, 오히려 보다 다양한 접근방식을 통해 연구할 때 장소를 보다 온전하게 이해할 수 있을 것이다.9)

2-2. 인간주의 지리학 관점에서의 장소성

2-2-1. 인간주의 지리학과 장소성
본 연구에서는 문학을 인간 삶의 가치를 담고 있는 예술작품10)으로 보고, 이러한 관점에서 볼 때 문학 속 장소를 이해하는 데 가장 적합한 장소 개념이 인간주의 지리학 관점에서의 장소성(sense of place)라고 간주한다. 즉, 인간을 중심으로 하여 인간 삶을 이해하기 위해 지리학을 연구하는 인간주의 지리학은 인간 삶의 가치를 담으며 이를 자세하게 기술하는 문학 작품과 추구하는 목적에서 일맥상통한 면이 있다는 것이다. 실제로 Tuan은 문학적 글쓰기는 사회과학적 글쓰기에 비해 더 섬세하게 배경과 심리를 묘사하기 때문에 장소성을 깊게 이해할 수 있는 장소 연구의 재료로 평가하였다11).

인간주의 지리학의 철학적 토대는 현상학(phenomenology)과 실존주의(existentialism)이다. 현상학은 인간의 실존과 인식의 본질

---

8) Castree, op. cit.
9) Cresswell, T., op.cit. Castree, op.cit. 이기봉, 앞의 글. 백선혜, 앞의 글.
10) 조정래, 「생존의 원리와 역사성」, 한국문학연구외(편), 『〈토지〉와 박경리 문학』, 솔, 1996.
11) 이푸 투안, 「문학과 지리학: 지리학적 연구의 함의」, 앞의 글.

을 인간의 체험으로부터 기술하는데, 이 때 공간은 주체인 인간의 신체와 체험의 방식으로 지각과 분리될 수 없다.[12] Husserl이 제시한 생활세계는 이론화되기 이전의, 인간 신체의 지각 운동적 경험이 이루는 지식체계의 총체를 일컫는다. 한편 실존주의는 인간의 존재양식이 장소와 상황 속에서 인식된다고 말한다. Heidegger는 인간이 세계라는 공간 상황 속에 놓여 있음으로 실존함을 나타낸다고 하며 인간을 세계 내 존재(being-in-the-world)로 정의하였다. 즉, 세계는 관계의 총체로서 공간은 의미의 공간이며 언어란 형식을 통해 발현된다.[13] 철학적 토대에서 살펴보았듯, 인간주의 지리학에서 중시하는 개념은 장소와 그 속의 인간이며 인간의 체험을 통해 세계와 소통하고 의미를 형성한다.

장소성(sense of place)은 장소와 인간의 유대적 측면을 강조한다는 점에서 인간주의 지리학이 주장하는 장소 개념을 가장 잘 대변한다고 본다. 장소성은 정신이나 개성을 지니는 장소를 인간이 느끼고 아는 것을 말하는 것으로,[14] 감정적, 경험적 흔적들로 이루어져 있어 이를 통해 특정 환경과 인간을 결합해 준다.[15]

문학의 등장인물들이 장소에서 어떤 경험과 생각을 하는지 더듬어 나가다 보면 문학 속 장소성을 도출해낼 수 있다. 여기서 문학 속 장소성과 실제의 장소성 간의 차이가 문학 속 장소 연구의 한계점으로 지적되기도 하는데, 문학은 그 자체로서 삶에 대한 고찰이고 삶의 한 단면을 담고 있다는 점에서 이를 통한 장소 연구는

---

12) 서도식, 「공간의 현상학」, 서울시립대학교 도시인문학연구소(편), 『도시공간의 인문학적 모색』, 2009.
13) 위의 글.
14) 김덕현, 「장소와 장소 상실, 그리고 지리적 감수성」, 『배달말』 43, 2008.
15) Aderson, J., *Understanding Cultural Geography: Places and traces*, Oxon & New York:Routledge, 2010.

의미가 있다고 할 수 있을 것이다. 소설의 경우, 소설 속 장소가 작가에 의해 변형되어 실제의 장소성을 있는 그대로 반영하지 못한다고 하더라도, 소설 속에 담겨진 장소성을 이해함으로써 소설 속 장소뿐 아니라 우리 삶 속의 보편적 장소성에 대한 이해를 높일 수 있다. 또한 문학 속 장소에 대해 비판 혹은 활용의 목적에서 접근한다 하더라도, 문학 속 장소에 대한 올바른 이해가 선행되었을 때 올바른 비판과 활용이 가능할 것이다. 따라서 장소의 본질에 대해 이해하고, 또 이를 활용하기 위해서 소설 속의 장소를 세심하게 분석하는 작업은 매우 중요하다고 할 수 있다.

2-2-2. 장소성을 이해하는 핵심 개념

장소성 개념은 정의적인 수준에서 보면 광범위하고 모호하다. 하지만 Relph와 Casey, Tuan이 제시한 핵심 개념들을 참조하면 장소성 개념을 구체적으로 이해하는 데 도움이 된다.[16] 우선 Relph는 장소 정체성의 구성요소로 물리적 환경, 인간활동, 의미 세 가지를 꼽았다. 이 세 가지의 변증법적 연계를 통해 장소 정체성이 구조화되는데 이를 인간이 느낄 수 있다는 점에서 장소성과 연결된다. 또한 Relph가 장소의 본질을 이해하기 위해 제시한 8가지 측면 중 '사적 장소'와 '뿌리뽑힘,' '장소에 대한 관심,' '장소가 주는 고역'이라는 측면은 장소 정체성의 구성요소 중 하나인 '인간활동'과

---

[16] 에드워드 렐프, 김덕현·김현주·심승희 역, 『장소와 장소상실』, 논형, 2005. Casey, E., How to get from space to place in a fairly short stretch of time, in Feld, S. and Basso, K.H. (ed) 1996, *Senses of place*, Santa Fe, New Mexico: School of American Research Press, 1996. Casey, E., Between Geography and Philosophy: What does it mean to be in the Place-World?, *Annals of the Association of American Geographers*, 91(4), 2001. 이푸 투안, 구동회·심승희 역, 『공간과 장소』, 대윤, 1995. Tuan, Y., *Topophilia*, New Jersey:Prentice-Hall, 1974.

관련된다. 우선, 어떤 장소에 대해 자신만의 고유한 느낌을 지니게 될 때 이를 사적 장소라 하는데, 인간은 공간의 물리적 배치, 경험에 대한 기억 등 다양한 인간 활동을 통해 사적 장소를 형성한다. 뿌리뽑힘과 장소에 대한 관심은 장소를 아는 것을 넘어 장소에 대한 깊은 배려와 관심을 갖는 것을 말하며, 장소가 주는 고역은 특정 장소에 자신이 묶여 속박되어 있는 느낌을 말한다. 장소에 대한 배려와 그로부터 받는 고역은 상충되면서도 공존하는 것으로 이를 전제한 인간 활동들을 살펴보는 것은 의미가 있다.[17]

Casey는 공간과 대비되는 장소의 측면으로 자아(self), 신체(body), 경관(landscape) 세 가지를 꼽는다.[18] 자아는 지리적 자아(geographical self)로, 인간주체의 본성이며 장소를 추구하고 장소에 위치하려 한다. 자아가 장소에 대해 능동적 행위를 하는 근본적인 방법은 정주(habitation)인데, 이를 위해 필요한 매개물이 바로 신체이다. 인간은 살아있는 신체(lived body)를 통해 지각하고, 행동하며 바깥으로 나가 장소-세계를 만나며 이러한 과정을 통해 공간을 장소로 변화시킨다.[19] 또한 지리적 자아는 신체 행위를 통해 받아들인 것을 경관을 통해 표출한다. 따라서 경관은 그 전체로서 감각적인 자아의 표현이 된다. Casey는 장소성을 직접 언급하지는 않지만 신체를 통해 장소를 지각하고 내적으로 받아들인다고 말하므로 장소성을 형성하는 일종의 과정으로 해석할 수 있을 것이다.

---

17) 에드워드 렐프, 위의 책.
18) Casey, E., Between Geography and Philosophy: What does it mean to be in the Place-World?, op. cit.
19) Casey, E., How to get from space to place in a fairly short stretch of time, in Feld, S. and Basso, K.H. (ed) 1996, *Senses of place*, op. cit.

마지막으로 Tuan 또한 장소를 이해하는 중요한 열쇠로 인간의 경험을 꼽았는데, 복잡한 경험의 양상을 이해하기 위해 인간의 생물학적 요인부터 살펴보아야 한다고 말한다.[20] 인간은 오감을 이용해서 환경을 지각하고, 지각은 사유(thought)를 통해 이를 하나의 감정(emotion)으로 받아들이게 된다. 개인이 속한 커뮤니티의 문화와 주위 환경은 개인이 자주 사용하는 감각에 영향을 미치게 되고, 개인은 이러한 과정 속에서 특정 지각과 감정을 통해 장소를 인지하게 된다. 이 외에 Tuan은 '친밀한 장소 경험'이란 개념을 제시하였는데, 특별한 인간관계의 친밀감으로 인해 이들이 있는 곳을 친밀한 장소로 느끼게 된다는 것이다. 집이나 고향 등이 대표적이다. 또한 인간은 '가시성'을 통해 자신이 인지한 장소를 창조하기도 하며[21] 의례(Ritual) 행위를 통해서도 자신의 영역을 표시하기도 한다.[22] 즉, 지각과 감정, 친밀한 장소경험, 가시성 및 의례를 통한 장소의 창조는 장소와 인간 사이의 신체적 활동이며 장소성의 일부로 볼 수 있다. 장소성과 관련되는 세 학자의 주요 개념을 정리하면 아래와 같다.

---

[20] Tuan, Y., *Topophilia*, op. cit. 이푸 투안, 『공간과 장소』, 앞의 책.
[21] 고대 도시에서 나타나는 물리적 배열을 통해 과거 인간이 인지한 질서의 상징을 파악하는 것은 이러한 사례에 해당한다.
[22] 이푸 투안, 『공간과 장소』, 앞의 책.

[그림 1] 장소성과 관련되는 Relph, Casey, Tuan의 주요 개념

위에서 Relph, Casey, Tuan이 강조하는 요소들 간에는 몇 가지 공통점을 찾을 수 있었다. 첫째, 장소성을 도출해내기 위해서는 인간과 인간의 경험이 필수 요소로 전제되어야 한다. Relph가 장소 정체성의 구성요소로 제시한 인간 활동과 의미, Casey가 장소의 특성으로 꼽은 자아와 신체, 그리고 Tuan이 장소 이해를 위해 제시한 경험 모두는 장소라는 개념이 인간과 인간의 경험에서부터 시작한다고 말한다. 둘째, 인간의 체험적 활동은 단순한 활동에서 점차 복잡한 활동으로 발전한다. Tuan은 경험의 범주를 지각과 사유, 감정의 단계로 나누어서 설명하며, 이는 친밀한 장소 경험, 애착, 그리고 가시성을 통한 장소의 창조까지 복잡하고 구체적인 경험의 영역으로 발전한다. Casey 또한 신체의 지각을 통해 받아들인 장소를 경관을 통해 표출한다고 주장한다. 장소의 표출 단계는 장소 변화에 개입하는 보다 발전적인 단계로 볼 수 있다. 마지막으로 인간은 경관이라는 가시적 요소를 통해 자신의 장소를 구성해 나간다. 또한 Relph, Casey, Tuan 모두 경관 및

가시성에 대해 언급하였는데, 이것은 장소에 대한 의미 창출을 가장 능동적으로 표현한다는 점에서 의미가 있다.

모호한 장소성 개념은 위의 세 학자들이 제시한 개념을 중심으로 하위 요소별로 나누어 구체적으로 살펴볼 수 있었다. 이러한 개념들 중 공통점을 중심으로 도식화한다면 장소성을 이해할 때 도움받을 수 있다. 이 과정은 인간이 장소 내에 존재함으로써 자신의 실존을 확인하는 과정이 구체화된 것이며, 도식화된 개념틀을 문학 속 장소성 분석에 적용하게 되면 보다 체계적으로 장소성을 분석하는 계기가 될 것이다.

2-3. 인간주의 지리학 관점에서의 장소성 프로세스를 적용한 문학지리학 연구

기존 문학지리 연구에서는 문학 속 장소의 특성을 밝히되 장소의 특성을 형성하는 세부 요소와 형성의 프로세스는 생략되어 있었다. 본 연구는 이 점에 초점을 맞추어 인간주의 지리학 관점에서 장소성 분석하는 모델을 제시한다.

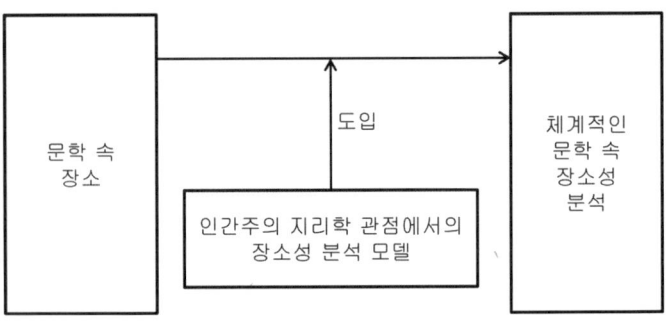

[그림 2] 연구의 기대효과

본 연구에서 제안하는 장소성 분석 모델은 Relph, Casey, Tuan이 제시한 인간주의 지리학적 장소 개념을 토대로 하여 구조화한 것이다.23) 이 모델을 통해 장소성을 형성하는 세부 요소에 대한 이해를 높이고 장소성이 도출되기까지의 프로세스를 보다 구체적으로 파악할 수 있을 것이다. 또한 이 모델을 문학지리학 연구에 적용하여 문학 속 장소성을 보다 체계적으로 설명할 수 있다. 그림3은 인간주의 지리학적 관점에서의 장소성 프로세스를 나타낸다. 이 모델은 장소성이 도출되기까지의 요소와 이들의 상호작용을 통해 장소성이 형성되는 프로세스를 구체적으로 나타냈다는 점이 중요하다.

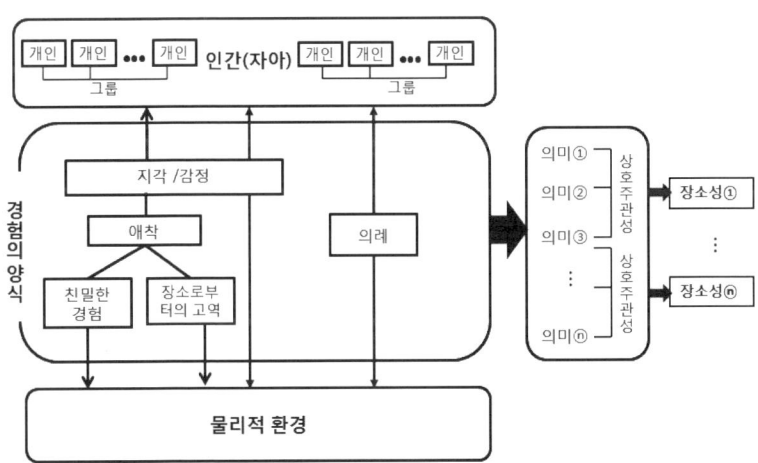

[그림 3] 인간주의 지리학 관점에서의 장소성 프로세스

---

23) 에드워드 렐프, 앞의 책. Casey, E., How to get from space to place in a fairly short stretch of time, in Feld, S. and Basso, K.H. (ed) 1996, *Senses of place*, op. cit. Casey, E., Between Geography and Philosophy: What does it mean to be in the Place-World?, op. cit. 이푸 투안, 『공간과 장소』, 앞의 책. Tuan, Y., *Topophilia*, op. cit.

인간주의 관점에서의 장소성 프로세스를 구성하는 요소는 크게 세 가지로, 인간, 경험의 양식, 물리적 환경이다. 이 세 가지 요소의 상호작용을 통해 장소에 대한 의미가 도출되고 이러한 의미는 상호주관성에 의해서 대표적인 장소성으로 발현된다.

첫 번째 요소인 인간은 장소 내에 있음으로써 자신의 정체성을 파악하는 자아(self)이다. 장소와 끊임없이 상호작용하는 인간을 문학 속의 등장인물을 통해 파악하기 위해서는 단역보다는 자세하게 인물이 서술되어 파악이 가능한 주요 등장인물들을 통해서 가능하다. 또한 개인들을 하나하나 파악할 수도 있지만 그 수가 많은 경우, 비슷한 성격을 지닌 인간들로 그룹화하여 비교적 간단하게 파악할 수도 있다.

두 번째 요소인 인간의 경험은 장소성을 도출하는 근본적인 활동으로 매우 복잡한 양상을 띤다. 복잡한 양상을 이 모델에서는 크게 세 가지, 지각과 감정(perception and emotion), 애착(attachment), 그리고 의례(Ritual)로 범주화하였다. 이 중 애착은 긍정적인 것 혹은 부정적인 것에 따라 친밀한 경험과 고역으로 다시 세분화된다. 의례의 경우, 개인보다는 집단의 경험이라는 점에서 다른 것과 구분된다. 경험의 양식 중 지각과 감정은 인간이 신체를 통해 장소와 상호작용하는 가장 원시적인 단계로 경험의 출발점이다. 등장인물들은 지각한 이후 이를 특정한 감정으로 발전시킨다. 특히 소설에서는 등장인물이 장소에서 무언가를 지각하고 그에 대한 감정 표출을 자세하게 기술하기 때문에 장소에 관한 지각 및 감정에 대해서 보다 자세하게 파악할 수 있다.

지각과 감정을 통해 장소에 대해 특별한 인상을 갖게 되면 인간은 점차 그 장소에 대해 애착을 느끼게 된다. 자신과 특정 장소가 결부되어 있다는 느낌인데, 이것은 자신에게 소중한 친밀한 경험으로 나타날 수도 있으며 혹은 괴로운 고역으로 나타날 수도 있다. Relph는 장소의 본질 중 하나로 '사적인 장소들'을 제시하였는데, 장소에 대한 친밀한 경험은 바로 이러한 사적인 장소를 만드는 인간의 활동, 즉 경험이다.[24] 그리고 장소로부터의 고역은 특정한 환경과 상징으로 고착되어 있는 하나의 장소에 묶여 속박되어 있다는 느낌으로[25] 특정한 환경과 분위기로 인해 받는 상처를 말한다. 마지막으로 의례(Ritual)는 집단의 경험이라는 점에서 사적 장소를 만들기보다는 공식적인 장소를 만든다. 비가시적인 가치를 가시적으로 드러내 영역을 명확히 하기도 하고,[26] 이를 통해 같은 장소의 사람들에게 공동의 정체성을 부여하기도 한다.[27]

마지막 요소인 물리적 환경은 비가시적인 장소라는 개념을 가시화하는 경관에 대응되는 개념으로, 크게 자연 환경과 인문 환경으로 구분할 수 있다. 인문 환경은 자연 환경에 비해 비교적 많은 인간의 개입으로 인해 창조한 환경이다.

수많은 개인들과 그룹들이 장소 내 물리적 환경에 대해 다양한 활동을 하면서 창출해 내는 의미는 무수히 많다. 동일한 물리적 환경에 대해서도 개인 각자가 지니는 의미가 다르며, 같은 사람이라 하더라도 시기에 따라서 장소에 대한 의미가 달라지기 때문이다. 그런데 이렇게 수많은 의미들 중에서 비교적 많은 사람들이 공통적으로 공유하는 의미가 있다. 이것이 바로 상호주관성인데,

---

[24] 에드워드 렐프, 앞의 책.
[25] 위의 책.
[26] 이푸 투안, 『공간과 장소』, 앞의 책.
[27] 에드워드 렐프, 앞의 책.

이것은 개인의 주관적인 의미를 강화시켜 주기도 한다.28) 이러한 과정을 거쳐 도출된 의미는 어느 정도 대표성을 띠게 되고, 한 장소의 장소성으로 이해될 수 있다. 또한 대표적인 몇 가지 장소성들은 서로 충돌하기도 하고, 시간이 지남에 따라 변하기도 한다. 하지만 동시에 장소성이 축적되면서 다른 곳과는 구분되는 그 장소만의 고유한 장소성을 나타낸다.

하나의 장소성이 도출되기까지 그 이면에 위에서 제시한 프로세스가 존재하고 있음을 인지하면 장소성을 보다 깊이 이해할 수 있다. 우리는 하나의 장소성이 그 지역을 대표하는 유일무이한 것이 아니라 무수한 것들 중 하나로, 다양성을 염두하게 되며, 하나의 장소성이 어떤 사람과 집단의 입장을 대변하는 것인지 그 맥락을 파악할 수 있다. 이는 특정 장소의 복잡한 사회 구조를 대변하는 것이기도 하다.

3. 사례연구

위에서 제시한 모델을 박경리의 소설 〈토지〉의 배경인 하동군 평사리에 적용시켜 장소성을 도출해 보았다. 소설 〈토지〉 속 평사리는 현재 경상남도 하동군 악양면 봉대리를 모델로 하는데29),

---

28) 정진원, 「인간주의 지리학의 이념과 방법」, 『지리학 논총』 11, 1984.
29) 현재 행정구역상 악양면 평사리가 존재하나, 실제 악양면 봉대리가 소설 속 '평사리'의 무대가 된다. 지금의 행정구역은 상평과 외둔을 합쳐 평사리로, 하평과 대촌을 합쳐 봉대리가 되었는데, 작품 속 윗마을과 아랫마을 구분을 따르자면 최참판댁은 아랫마을에 해당하고 따라서 현재의 봉대리가 소설 속 평사리 마을에 해당한다(이상진, 「〈토지〉의 평사리 지역 형상화와 서사적 의미」, 『배달말』 37, 2005).

실제 소설 속에 기술된 모습은 작가의 상상에 의해 재현된 장소이다. 즉, 사례 연구에서 연구 대상의 공간적 범위는 소설 속 평사리(현재 경상남도 하동군 악양면 봉대리)이며, 시간적 범위는 소설의 시간적 범위인 해당하는 1897년~1945년이다.

3-1. 기존 〈토지〉의 장소 연구

소설 〈토지〉의 장소 연구는 국문학에서 다수 진행되었다. 주로 작품에 대한 이해를 높이기 위한 목적으로 장소의 성격을 밝히는데, 그 방법에 따라 세 가지로 유형화가 가능하다. 첫 번째 유형은 이미 구축된 장소의 상징성을 소설의 서사 전개를 위해 활용하는 경우다. 1부에서 경성은 시국의 변화를 나타내어 평사리와 당대 역사를 매개하고 개연성을 높인다. 다른 도시보다도 경성을 자세하게 기술한 것은 정치문화적 중심지라는 기존의 상징성을 이용하기 위한 것이다.[30] 4부의 경성은 1930년대가 배경이지만 이를 생생하게 재현하기보다는 단지 근대화를 나타내는 상징적인 의미를 통해 핵심 갈등을 유발하는 원인 제공지로서의 역할만을 하며,[31] 간도 또한 당시의 실제 모습보다는 열린 공간, 다양성, 적응과 모색 및 화해의 장 등 그 상징성을 보다 부각시켜 서사 전개에 있어서 중요한 기능을 담당하게 하였다.[32]

---

30) 이상진, 「〈토지〉에 나타난 동아시아 도시, 식민주의와 물질성 비판」, 『현대문학연구』 37, 2009. 이승윤, 「식민지 경성의 문화와 근대성의 경험」, 최유찬 외, 『한국 근대문화와 박경리의 〈토지〉, 소명출판, 2008. 조윤아, 「공간의 성격과 공간 구성」, 최유찬 외 편, 『토지의 문화 지형학』, 소명출판, 2004.
31) 이상진, 위의 글.
32) 김치수, 「〈토지〉의 세계」, 정현기 편, 『한과 삶』, 솔, 1994. 조윤아, 앞의 글.

두 번째 유형은 실제 장소와 소설에서 묘사된 장소를 비교하여 왜곡 정도를 밝히고 허구적 장소의 가치에 대해 평가하는 경우다. 이상진의 연구33)가 대표적이다. 이상진의 평가에 의하면, 작가 박경리의 고향과 그 인근이었던 진주와 평사리 지역은 일부 왜곡이 있기는 하지만 비교적 역사적 맥락과 실제 장소성을 자세하게 그리는 반면,34) 조사의 한계가 있었던 만주지역과 일본에 대해서는 작가의 시선이 많이 개입되었다.35) 하지만 소설 〈토지〉는 기록된 역사를 통해서 이를 해석하고 구체적인 인물의 서사를 통해서 역사의 체험과정과 이에 대한 인식을 자세하게 그려내기 때문에 역사와 장소에 대한 이해를 더욱 더 풍부할 수 있으며, 따라서 〈토지〉 속에 묘사된 장소의 가치를 높게 평가할 수 있다.36)

마지막 유형은 장소에 대한 서술 방식을 연구함으로써 장소의 성격을 밝히는 경우다. 조윤아는 장소 서술 유형을 '행위자에게 초점화된 회상, 지난 사건에 대한 서술자의 주석적 설명, 인물들이 나누는 대화를 통해 사건의 결말을 알게 하는 전언, 한 행위자가 공간을 이동하되 이동의 동기나 과정은 생략된 채 도착을 알리는 과거화, 서술 시간의 현재'라는 다섯 가지로 나눈다.37) 그 중 마지막

---

33) 이상진, 「탈식민주의적 시각에서 본 〈토지〉 속의 일본, 일본인, 일본론」, 『현대소설연구』 43, 2010. 이상진, 「일제하 진주지역의 역사와 박경리의 〈토지〉」, 『현대문학의 연구』 27, 2005. 이상진, 「〈토지〉의 평사리 지역 형상화와 서사적 의미」, 『배달말』 37, 2005. 이상진, 「〈토지〉 속의 만주, 삭제된 역사에 대한 징후적 독법」, 『현대소설연구』 24, 2004.
34) 이상진, 「일제하 진주지역의 역사와 박경리의 〈토지〉」, 위의 글. 이상진, 「〈토지〉의 평사리 지역 형상화와 서사적 의미」, 위의 글.
35) 이상진, 「〈토지〉의 평사리 지역 형상화와 서사적 의미」, 위의 글. 이상진, 「〈토지〉 속의 만주, 삭제된 역사에 대한 징후적 독법」, 앞의 글.
36) 이상진, 「탈식민주의적 시각에서 본 〈토지〉 속의 일본, 일본인, 일본론」, 앞의 글. 이상진, 「〈토지〉 속의 만주, 삭제된 역사에 대한 징후적 독법」, 위의 글.

유형을 통해 장소를 이동하는 빈도가 가장 많은데, 이는 한 공간 내부에서의 짧은 이동이 많다는 것을 나타낸다고 분석한다.[38] 이승윤도 경성이 보고적 서술 상황을 취하는 등 독특한 서술 방식을 통해 허구와 사실을 결합하는 역할을 한다고 분석한다.[39]

이 외에 적극적으로 장소, 공간에 대한 개념을 도입하여 토지의 장소를 분석한 연구로는 김형국의 연구가 있다. 이 연구에서는 서희의 일생을 Hägerstrand의 시간 지리학의 틀을 빌려와 시공간의 틀 속에서 지도를 그리며, 주인공의 일생이 아주 광범위한 공간을 넘나든다고 강조한다.[40] 조윤아의 경우도 등장인물들의 주요 이동 경로를 지도에 표시함으로써 이동 패턴을 밝히고자 하였다.[41] 김형국과 조윤아의 연구는 장소를 지도화함으로써 패턴을 발견하고 이에 대해 새로운 해석을 해 냈다는 점에서 기존의 연구와 차별되며, 지리적 연관성이 높다고 할 수 있다. 이것은 〈토지〉의 장소에 대한 연구가 많이 이루어졌음에도 불구하고, 지리학의 장소 연구틀을 이용하였을 때 새로운 해석을 제시할 수 있다는 점에서 시사하는 바가 크다.

---

37) 조윤아, 「공간의 성격과 공간 구성」, 최유찬 외 편, 『토지의 문화 지형학』, 소명출판, 2004.
38) 조윤아, 앞의 글.
39) 이승윤, 앞의 글.
40) 김형국, 「소설 〈토지〉의 인물들과 오늘의 도시생활」, 김형국 외, 『사람의 도시: 도시문화론』, 심설당, 1980.
41) 조윤아, 앞의 글.

3-2. 인간주의 지리학 관점에서 장소성 프로세스를 토대로 한 소설 〈토지〉의 장소성 연구

소설 〈토지〉에 기술된 장소 중 평사리는 주인공 최서희와 최서희와 같은 세대인 주요 등장인물들의 고향으로, 이들의 삶과 소설의 전개에 있어서 강력한 영향을 미친다. 그만큼 다양하며 뚜렷한 장소성을 지닌 곳으로, 위에서 살펴 본 인간주의 지리학 관점에서의 장소성 프로세스를 적용하여 평사리의 장소성을 보다 세분화하여 분석하기로 한다. 우선 평사리의 장소성을 형성하는 세 가지 요소인 평사리의 인간과 물리적 환경, 그리고 등장인물들의 경험의 양식에 대해서 살펴본다. 그리고 이를 통해 도출 된 장소성들이 충돌 및 변화하고 상호주관화되는 측면에 대해서도 살펴본다. 마지막으로 이를 종합하여 평사리의 장소성에 대해 평가한다. 그림4는 평사리의 장소성 분석 과정을 도식화한 것이다.

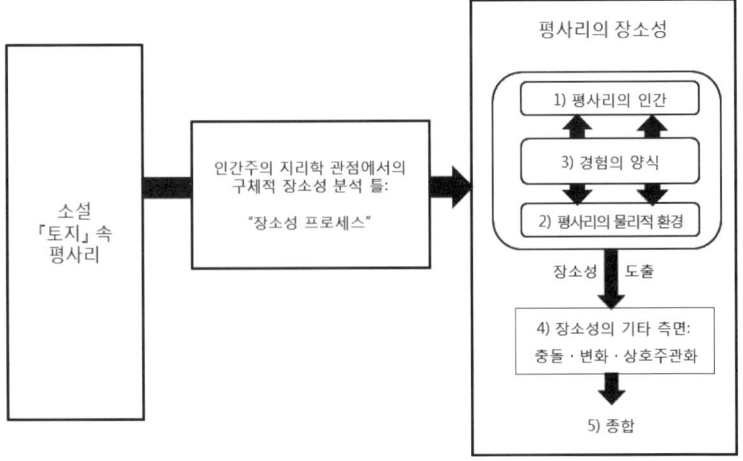

[그림 4] 평사리의 장소성 분석 과정

3-2-1. 평사리의 인간

약 50년간의 세월을 그린 소설 〈토지〉의 등장인물은 약 600명에 달해 모두를 살펴보는 것은 매우 힘들다. 본 연구에서는 장소를 평사리로 한정하기 때문에 평사리를 주 무대로 펼쳐지는 1부의 주요 등장인물들을 중심으로 평사리에 대한 이들의 경험을 분석하고자 한다. 각각의 개인이 고유의 정체성을 지닌 많은 인물들이 등장하지만, 평사리에 대한 감정과 생각을 구체적으로 드러난 사람들의 관계를 정리하면 그림5와 같다.[42]

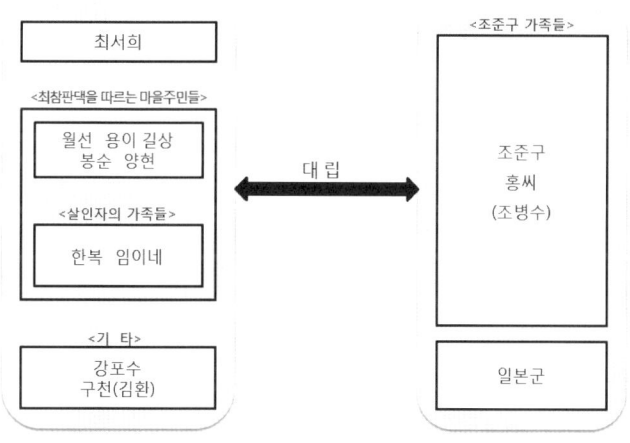

[그림 5] 평사리의 인간

〈토지〉 1,2부에서의 주된 대립축은 최서희를 중심으로 한 최참판댁과 이들의 재산을 넘보는 조준구네 가족들이다. 이들은 지식인이자 지주의 입장으로 평사리란 마을의 질서를 형성하는 데 주

---

[42] 평사리에 대한 자신의 감정과 의미를 잘 드러내는 인물들로 한정하여 관계도로 나타내었다.

된 역할을 한다. 두 번째, 평사리 마을사람들은 주로 농민들로 오랜 세월 동안 최참판댁을 따랐으며 생활과 땅이 밀접한 관련을 맺었던 만큼 이들의 방식으로 평사리에 대해 강한 애착을 드러낸다. 그리고 최참판댁의 지주 최치수의 살해 사건은 1부의 주요 사건인데, 살인자들은 처형이 되지만, 살인자의 가족들은 자신이 살인을 저지르지 않았음에도 낙인이 찍히게 되어 이후 그들의 삶과 사고방식에 커다란 영향을 끼치게 된다. 마지막으로 강포수와 구천 두 사람은 평사리 마을의 질서에서 비교적 자유로운 사람들이다. 지리산을 중심으로 활동하며 이따금씩 마을로 내려와 마을 일에 관여한다.

3-2-2. 평사리의 물리적 환경

평사리의 물리적 환경은 크게 자연 환경과 인문 환경으로 나누어 볼 수 있다. 특히 마을 사람들은 평사리의 자연환경과 교감하는 모습을 많이 보이는데, 평사리 속의 섬진강, 당산, 지리산, 그리고 '땅'의 의미로서의 평사리 토지라는 구체적인 자연물을 통해서 평사리의 자연 환경과 소통한다. 그리고 인문 환경은 자연, 야생 세계와 대비되는, 즉 마을 사람들이 모여 사는 곳으로서 평사리 마을을 들 수 있다. 여기서는 어떤 가옥이나 길 건축물 등의 구체적인 인문 환경보다는 집합적 의미에서의 평사리 마을에 대해서 이야기 한다.

3-2-3. 경험의 양식

경험의 양식은 인간이 공간을 장소로 변화시키는 구체적인 활동이라는 점에서 중요하다. 경험의 양식을 통해 의미를 부여하는 과정은 개인적 장소성을 도출하는 과정과도 같다. 구체적 프로세스를 가장 잘 살펴볼 수 있는 부분으로, 본 연구도 이에 보다 초점을 맞춰 분석한다. 즉, 지각과 감정, 애착, 의례라는 경험의 양식을 통해 양한 인물들이 평사리에 부여하는 의미를 파악한다.

가) 지각과 감정(perception and emotion)

소설 속 등장인물들의 활동에서 두드러지는 것은 평사리의 자연환경을 느끼고 이에 빗대어 자신의 감정을 표출한다는 것이다. 가장 많이 언급되는 자연 환경은 바로 섬진강이다. 섬진강에 대한 지각과 감정이 자세하게 드러난 인물들은 월선과 용이, 길상, 그리고 봉순과 양현이다. 그리고 강포수와 구천이는 평사리 마을의 이방인으로서 마을 사람들과는 다소 다른 운동 능력을 보인다.

① 월선에게 섬진강

월선에게 섬진강은 허전하고 쓸쓸하며 적막함을 느끼게 해주는 동시에 돌아가신 어머니 생각을 하게한다. 그리고 때로는 강가에서 우연하게 주운 물기 먹은 나뭇잎을 보며 생명에의 희망을 품기도 한다(1부 1편 13장, 1부 5편 1장, 1부 5편 17장).

② 용이에게 산과 물: 당산과 섬진강

용이는 가끔씩 산에 올라가곤 하는데 산의 나무와 흙, 빛 등 산의 환경을 느끼면서 그 느낌을 자신이 그리워하는 사람과 착각하곤 하며, 산에 올라가서 강을 바라볼 때 흘러가는 강물을 보면서 세월에 대한 회의를 하기도 한다. 또한 꿈 속에서 물을 갈구하면서도 쉽게 마실 수 없는 장면이 나오는데, 이 장면은 물과 자신이 사랑하는 여인이 동일시되어 감각적으로 표현된 것이기도 하다. 이처럼 용이 또한 산과 물을 보며 세월을 그리고, 자신이 사랑하지만 이룰 수 없는 월선과 동일시하며, 자신의 감정 상태를 물빛으로 표현하기도 한다(1부 2편 22장, 1부 4편 5장, 1부 4편 6장).

③ 길상에게 섬진강 및 구름, 평사리 마을
길상 또한 섬진강과 구름에 감정을 이입하는데, 세월이 지남에 따라 그 감정 또한 변한다. 어린 시절 길상은 어디론가 흘러가는 강과 구름을 보면서 넓은 세상을 꿈꾸고, 어디론가 가고 싶다고 생각하였다. 하지만 간도로 이주 후 꿈 속의 평사리 마을과 섬진강을 보면서 세월을 느낀다. 길상의 성장과정을 보면서 동일한 대상물이더라도 성장함에 따라 감상이 어떻게 달라지는지, 그리고 자신의 어떤 측면을 투영시키게 되는지를 파악할 수 있다(1부 1편 7장, 1부 3편 13장, 1부 1편 16장, 2부 1편 4장).

④ 봉순과 양현에게 섬진강
봉순의 경우에도 섬진강에서 당시 환경과 자신의 감정을 동일시하며 자신의 어머니를 떠올렸으며, 이후 봉순의 딸 양현 또한 섬진강에서 자신의 어머니 봉순을 떠올린다(1부 5편 12장, 5부 1편 2장).

이상에서 보았을 때 평사리 사람들의 감정과 물리적 환경, 특히 자연적 환경이 밀접하게 맞닿아 있음을 확인할 수 있었다. 그리고 섬진강에 대해서 등장인물들이 각각 다른 감정을 나타내기도 했지만 비슷한 면 또한 찾을 수 있다. 섬진강은 그들에게 있어서 세월을 느끼게 해 주고(용이, 길상), 또한 어머니를 떠올리는 곳이며(월선, 봉순, 양현), 그리운 이와 맞닿아 있기도 하다(월선, 용이).

그리고 무엇보다도 당시 자신들의 감정에 따라서 섬진강의 물빛과 강바람이 다르게 느껴지며 긴밀하게 감정 상태와 연결되어 있음을 볼 수 있다(월선, 용이, 길상, 봉순). 이렇게 여러 사람들에 의해 공통적으로 파악되는 섬진강에 대한 의미는 일종의 상호주관성으로 보아 섬진강의 장소성을 이해하는 데 도움이 될 수 있다.

⑤ 강포수와 구천에게 평사리 마을

평사리 주민들 중에서도 주로 산에서 생활하였던 구천이와 강포수의 자연에 대한 지각과 감정은 앞선 등장인물들과는 달리 남다르다. 이들은 마을에 잘 정착하지 못하는 이방인으로, 마을과 산에 대해 비슷한 의미를 부여한다. 특히 이들의 지각은 보다 날카롭고 예리하며 산에 적합하게 발달되었다. 구천의 경우 산을 매우 빠르게 탈 수 있었으며 마을보다는 산에서 보다 탁월한 적응 능력을 보여 준다. 강포수 또한 짐승의 냄새와 흔적에 매우 발달되어 있으며 산에서 보다 자유롭고 사람들이 사는 마을에서는 답답함을 느낀다. 물리적 환경이 인간의 지각능력에 미치는 영향력을 구천과 강포수의 사례를 통해 엿볼 수 있는 부분이다(1부 1편 2장, 1부 3편 3장, 1부 2편 6장, 1부 3편 4장, 1부 3편 5장).

나) 애착(Attachment)

소설 속 장소에 대한 애착은 '친밀한 장소경험'과 '장소로부터의 고역' 두 가지 형태로 나타난다. 우선, 평사리의 토지와 마을에 대한 친밀한 장소경험과 밀접한 관련을 맺고 있는 사람은 최서희와 조준구의 아들 조병수, 그리고 살인자의 아들 한복이에게서 찾아볼 수 있다. 평사리에서의 친밀한 경험은 이들의 정체성 형성에 큰 영향을 미친다.

그리고 두 번째 애착의 유형으로, 평사리 마을로부터 고역을 받는 대표적인 인물은 바로 살인자의 식구들이다. 살인자의 식구라는 낙인이 이들에게 끊임없이 고통을 안겨 준다. 그 외에 용이는 다른 형태의 고역을 겪는데, 이는 평사리의 일상이 평범하다는 것, 그리고 자신을 너무도 잘 아는 마을 환경으로 인한 것이었다.

① 친밀한 장소 경험 : 최서희에게 평사리 토지

우선, 평사리의 토지는 소설의 주인공 서희와 매우 강력한 연대를 맺고 있는데, 서희가 자신 집안의 땅에 대해 깊은 애착 혹은 집착을 보이는 것은 어렸을 적부터의 개인적 경험이 축적되면서 형성되고 이것이 견고해졌기 때문이다. 최참판댁의 농토는 상당히 넓은 범위에 산재해 있어서 이를 다 둘러보는 것은 매우 어렵고 흔하지 않은 일인데, 서희의 할머니 윤씨 부인은 아홉 살 된 서희를 이끌고 집안의 농토를 구석구석 둘러보게끔 한다(1부 3편 17장). 아버지의 죽음 이후 어렸을 때부터 과중하게 집안의 행사를 익혔던 것 또한 집안과 집안의 토지에 대한 책임감을 높이는 데 기여를 했다(1부 3편 13장). 윤씨 부인이 사망한 후 조준구가 최참판댁에 들어왔을 때 서희는 어린 나이에도 조준구와 맞서서 하인들과 고방 곡식을 부수고 마을 사람들에게 나눠주는 일을 했으며 조준구에게 뺏기지 않기 위해 안간힘을 쓴다. 결국 서희는 간도에서 조준구로부터 자신의 집문서를 돌려받아 땅을 다시 회복하게 되는데, 이는 그동안 서희의 목적으로, 이를 달성한 이후 허무함을 느끼게 된다. 이를 통해 토지에 대한 개인적 경험이 얼마나 강력하게 서희의 인생과 자아 형성하는 데 기여했는지 알 수 있다. 다음은 빼앗겼던 땅을 되찾고 난 뒤 서희의 감정을 기술한 부분이다.

승리의 언덕은 외로운 자리였는지 모른다. 서희의 승리를 축복해 주고 기뻐해주는 사람은 아무도 없다. **정상에 오르기까지 외로운 싸움**이었다고는 하지만 동행자는 있지 아니하였던가. … '이제 내게는 최참판댁을 일으키고 원수들을 치는 목적만은 아니다. 내 아이들 내 귀여운 것들을 풍요한 토양에 심어야 하는 거야. …' **그러나 서희는 옛날같이 꼿꼿이 설 수가 없다.** … (2부 5편 11장)

즉, 서희에게 평사리의 토지는 단순한 땅이 아니라 자신을 지탱해 주는 근거가 되었으며, 이를 지키기 위한 과정은 서희의 인간성 형성에 밀접하게 관여한다. 또한 평사리를 떠났다가 결국에는 노년을 평사리에서 보내며 광복의 소식을 듣는데(5부 5편 7장) 결국 평사리 속의 자신의 존재의 의미를 드러내는 한 단면이라고 볼 수 있을 것이다.

② 친밀한 장소 경험: 조병수에게 평사리 마을

꼽추인 몸인 병수에게 평사리는 이전 서울의 골방에서 벗어나 처음 맞는 공간이자 신비로운 자연 세계였다. 병수는 평사리의 자연을 통해 내적으로 지혜와 판단 능력을 기를 수 있었다고 말한다(1부 5편 3장). 몸이 비정상적이기에 사람들과 가까이하지 못했던 병수가 자연과 교감하는 것은 개인적으로 특별한 의미가 있으며(1부 5편 3장), 평사리 마을이 병수에게 중요한 이유 중 하나다.

그리고 서희를 남몰래 좋아하던 마음을 길상에게 들킨 후, 당황하고 부끄러운 마음을 따뜻하게 감싸줬던 길상의 행동은 병수가 처음으로 인간애를 느끼게 해 주었다(1부 5편 3장). 이후 길상은 병수의 외면적 단점을 떠나 내면을 인정해 주는 존재가 되었다.

결국 평사리는 자연과 길상과의 인연을 통해 병수가 세상과 소통할 수 있었던 최초의 장소로 평가할 수 있다.

③ 친밀한 장소 경험 : 한복에게 평사리 마을
마지막으로 한복에게 평사리는 살인과 자결을 한 부모의 짐으로 인해 고통을 받게되는 곳(장소가 주는 고역)인 동시에 자신을 돌보아 준 마을 사람들과 산천과의 인연을 통해 따뜻함을 느끼는 곳이다. 여러 곳을 떠돌다가 다시 평사리를 찾는 한복은 평사리에서 고통을 느끼면서도 또한 평사리를 통해 이를 극복하려는 의지를 보인다. 다음에서 이러한 한복의 마음을 잘 나타내는 대목이다.

> 한복 : … 나는 여기 살기다. 어릴 적에 함안서 미친 듯이 이곳을 찾아왔었제. **나는 아무데도 안 가고 여기 산다.** (4부 1편 5장)
> 한복 : **나를 키운 거는 바람이고 빗물이고 마을 사람이다.**
> … 내 어릴 적에 거두어주시던 영만이어무니(두만네)도 생각이 나고, 오늘겉이 창대비가 쏟아지는 빗길을 가는데 이엉 한 자락을 짤라 매듭을 지어주면서 쓰고 가라 하던 낯선 아지매, 그런 사람도 가끔 생각이 난다. (5부 2편 5장)

④ 장소로부터의 고역: 살인자의 식구들에게 평사리 마을
최참판댁의 지주 최치수가 죽은 것은 한복이와 거복의 아버지 김평산, 임이네의 남편 칠성이, 그리고 귀녀 공동의 살해 때문이었다. 살해 사건 이후 범인이 밝혀지고 이들은 모두 처형을 당하게 되는데, 살인자의 가족들 또한 마을에 남지 못하고 마을을 떠나가게 된다. 하지만 이들 가족들은 평사리로부터 자유롭지 못하고 다시 되돌아오거나 혹은 타향에서도 평사리와 관련해서 괴로움

을 느끼게 된다. 즉, '살인자의 식구'라고 할 수 있는 이들 집단은 공통적으로 평사리에 대해 괴로우면서도 회귀할 수밖에 없는 곳이라는 의미를 부여한다.

예를 들어 한복이에게 평사리는 어머니의 무덤이 있는 곳이며 이로 인해 자연스럽게 평사리는 자신이 지켜야 할 장소가 되었다. 효(孝)와 어머니의 사랑이라는 덕목이 땅과 함께 결합되어 한복이는 평사리를 떠날 수 없게 된 것이다. 한복이 외에 임이네 또한 고통스러워하면서도 다시 평사리를 찾는데(1부 3편 13장) 이들에게서 공통적으로 찾아볼 수 있는 것은, 평사리가 삶과 존재에 있어서 벗어나고 싶어도 벗어날 수 없는 거대한 운명과도 같다는 것이다.

⑤ 장소로부터의 고역: 용이에게 평사리 마을

용이는 살인자의 식구들과는 다른 이유에서 장소의 고역을 느낀다. 무당의 딸이라는 이유로 사랑하는 사람과 결혼을 하지 못한 용이는 삶이 행복하지 않으며, 자신에게 너무나도 익숙해져 버린 평사리 마을을 떠나고 싶어 한다.43) 즉, 용이는 일상적인 삶과 평사리 내에 존재함으로써 기대되는 용이의 역할에 대해 괴로워한다. 하지만 용이 역시 한복이처럼 부모의 무덤으로 인해 마을을 떠날 수 없다. 한복이와 용이의 사례로 보아 부모의 무덤을 보살펴야 한다는 의식(부모에 대한 효도)은 평사리란 장소에 내재한 질서로, 이들이 평사리에 존재함으로써 자연스럽게 싹튼 것으로 해석할 수 있다.

---

43) "어디로 가꼬? 이 산천을 잊을 수 있는 곳으로 달아날 수는 없이까? 이 산천을 잊을 수 있는? 무엇을 못 잊는다말고?"(1부 3편 21장)

하지만 용이는 이후 간도에서 돌아와 자신이 자신답게 살아갈 수 있는 존재 근거가 바로 평사리임을 깨닫고, 지난 날 괴로워했던 일상성을 소중하게 받아들이게 된다.

> 평사리 그 마을을 용이는 사랑했다. 좋은 시절, 인생의 황금기를 보냈던 그 마을은 용이에게는 근원적인 것이다. 서러운 사연들이 묻혀 있지만 더럽혀지지 않은 자신의 존엄을 심었던 곳, 사랑을 심었던 곳, 고뇌를 심었던 곳. 용이는 새삼스럽게 고향을 떠난 기간이 얼마나 이지러진 세월이었던가를 깨닫는 것이다.

용이를 통해 일상성으로 인한 장소의 고역이 시간이 지난 후 자신의 정체성을 드러내는 소중한, 사적 장소로 변할 수 있다는 것을 확인할 수 있다.

다) 의례 (Ritual)

평사리 마을의 대표적인 의례 행위는 최치수(최참판댁의 지주이자 유일한 마지막 남성)의 장례식이었다. 대부분의 마을 사람들이 장례식에 참여하였으며, 이들은 최치수를 절대적 권위의 상징으로 받아들여 그의 죽음을 진심으로 애도했다.

> 어느 때부터였던지 강을 내려다보는 마을 언덕에 터전을 잡았던 영천 최씨의 일가, 문벌과 재물로써 백년을 넘게 이 지방에 군림해 왔으며 특히 드센 여인들 손으로 이룩했고 지켜왔었던 최씨 집안의 마지막 남자, **이 남자의 장례식에는 수많은 사람들이 따랐다.** … 최참판댁과 인연을 맺었던 모든 사람들은 아닌말로 **하느님이라도 살해를 당한 것 같은 이 엄청난 사건에 넋이 빠진 것 같았다.** … 최참판댁은 그들에게 있어 보다 뚜렷하고 지척에서 볼 수 있는 현실로서 존재해왔다. … 사람으로서 눈앞에 실감하여 의무를 다하고 감사를 올려야 할 상대들이었던 것이다. **나라 땅의 임자이신 나라님은 멀었고**

만 석의 벼를 거둬들이는 토지 소유자인 최참판댁은 가까웠다. … 최치수는 누가 뭐라 하든 **절대적인 권위의 상징이다**. 천지 만물을 주관하시는 하느님의 권리를 인정하듯이 농민들은 만 석의 볏섬을 거둬들이는 최참판댁의 부를 인정한다. … 슬픔도 기쁨도 다 단조롭건만 최참판댁의 흉사만은 결코 그들에게 단조로운 것이 아니었다. **제 일보다 서러울 리는 없겠는데 아낙들은 치마가 젖게 울었고 남정네들은 말없이 콧물을 들이마셨다**. … (1부 3편 7장)

즉, 평사리는 최참판댁 중심의 토지 관리를 통해 마을의 질서 유지되고 있었으며, 장례 의식은 마을 공동의 경험으로, 그 질서가 무너졌음을 가시적으로 보여주는 행위로 이해할 수 있다. 또한 이 장례 의례에 마을의 거의 모든 사람들이 참여했다는 점에서 이것은 마을 공동체에 정체성을 부여하는 행위이자, 공동의 경험으로 상호주관성이 기반되었다고 볼 수 있다.

마을 사람들이 최참판댁을 하느님 및 임금과 대등한 존재로 여겼다고 기술되는 부분에서는 당시 평사리가 하나의 자치단위로, 독립된 지리적 세계였음을 알 수 있다. 마을 주민들은 그 공동체에서 생활을 공유하며, 정신적 유대를 맺고 있었다.

[표 1] 종합 : 토지 속 등장인물들이 '인간 - 환경 간 경험'을 통해 나타난 의미

물리적 환경	경험의 양식	개인 혹은 집단	의미
섬진강	지각과 감정	월선, 용이, 길상, 봉순, 양현	세월, 어머니 그리운 이
평사리 마을	지각과 감정	강포수, 구천	정착에 대한 거부감

물리적 환경	경험의 양식		개인 혹은 집단	의미
평사리 토지	개인적 경험: 땅에 대한 교육		최서희	삶의 목표 자신 지탱의 근거
평사리 마을	친밀한 경험: 길상과의 추억	애 착	조병수	세상 소통의 장 따뜻한 인간애 느낄 수 있는 장소
평사리 마을	친밀한 경험: 마을사람들과 산천으로부터의 돌봄		김한복	따뜻함과 고통 극복에의 도움
평사리 마을	고역		살인자의 가족들	다시 돌아와 고통을 감내, 운명
평사리 마을	고역		용이	일상성의 고역을 받던 장소가 사적 장소로 변화, 정체성
평사리 마을	의례: 최치수 장례식		평사리 마을 사람들	최참판댁 중심의 지리적 세계

3-2-4. 장소성의 기타 측면

위에서 개인 혹은 집단이 한 장소에서 어떻게 의미를 도출하는지를 구체적 과정을 통해 살펴보았다. 하지만 이것만으로는 장소성을 충분히 이해하기 어렵다. 한 곳의 장소성은 무수한 개인적 의미의 집합체이자, 장소성 충돌의 결과이기도 하기 때문이다. 또한 시간이 지남에 따라 장소성 또한 변하며, 다양한 장소성의 누적을 통해 종합적인 고유의 장소성이 발현되기도 한다. 이번 장에서는 개인 외적인 측면, 구체적으로 장소성의 충돌, 변화, 상호주관화에 초점을 맞추어 분석한다.

가) 장소성의 충돌

평사리 마을은 집단별로 이를 바라보는 시각이 다르다. 그러한 사례 중 큰 충돌 양상을 보이는 두 집단은 최참판댁을 중심으로 한 마을 사람들 집단과 조준구와 일본 관리들을 중심으로 한 집단이다. 이 두 집단의 소설의 사건에서 갈등을 유발하는 대립각인데, 이러한 갈등은 평사리 및 땅의 의미에서도 나타난다.

평사리 마을 사람들은 최참판댁을 중심으로 지리적 질서를 이루는 세계로 평사리를 인식하며 땅을 자신의 운명과 연계시켜 삶의 일부로 받아들인다. 그에 비해 조준구와 일본관리들에게 평사리 마을은 최참판댁이 아닌 자신들의 이익을 위해 형성된 질서 체계를 이루는 곳이며, 땅 또한 이익을 위한 수단으로 인식한다. 두 집단 사이의 대립은 땅을 매개로 하여 지속적으로 표현되며 가치가 충돌한다. 즉, 평사리 마을은 기존의 질서 체계를 대표하는 장소성과 이를 거부하고 자신의 이익을 위해 질서를 재편하려는 조준구의 장소성이 충돌하면서 긴장관계를 유지하고 있는 것이다.

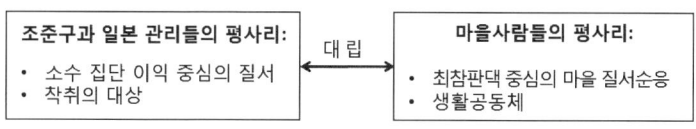

[그림 6] 장소성의 충돌: 조준구와 마을사람들의 장소성

나) 장소성의 변화

장소성은 고정되어 있거나 절대적인 속성이 아니다. 한 장소에 대한 개인의 장소성도 변하고, 마을의 지배질서인 대표적인 장소성 또한 변한다. 평사리의 장소성 또한 크게 윤씨부인의 죽음과 조준구의 집권, 조준구의 몰락과 평사리를 떠났던 서희와 마을 사람들의 복귀를 기점으로 그 성격이 크게 바뀌었다고 볼 수 있다. 즉, 평사리의 지배 세력과 질서가 변화함에 따라 장소성이 변하는 것이다. 그림 7은 평사리 마을의 장소성이 어떻게 변하였는지를 요약해서 보여준다.

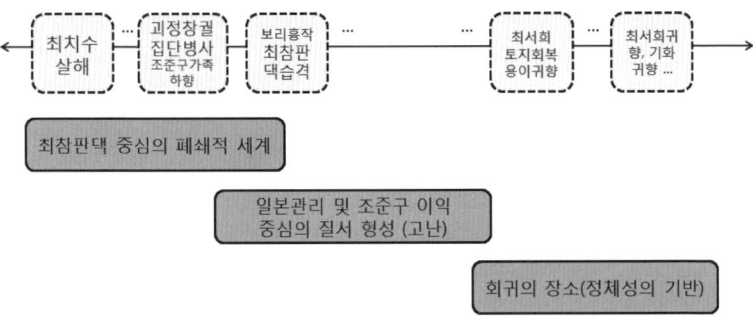

[그림 7] 평사리의 지배적 장소성의 변화

다) 의미의 상호주관화: 대표적 장소성

다양한 개인들과 집단의 장소성 중 되도록 많은 사람들이 공유하는 의미는 한 장소의 대표적 장소성으로 부각된다. 평사리의 경우 또한 많은 사람들이 공유하는, 상호주관성에 기반한 장소성을 도출할 수 있다. 앞서 살펴보았던 의미 중 비슷한 맥락의 것들을 나열하면 다음과 같다.

- 월선, 봉순, 양현: 어머니 연상 장소로서 섬진강(평사리)
- 서 희: 자신 지탱의 근거이자 지켜야 할 의무로서의 평사리
- 평사리 마을 사람들: 최참판댁은 하느님과 나랏님과도 같음. 그들의 지배 하에 있는 평사리
- 병수와 한복: 따뜻한 인간애를 느낄 수 있는 장소로서 평사리
- 용이와 한복이: 효를 중시하여 이것이 평사리란 장소가 주는 고역을 감내할 수 있는 원천이 되었음
- 서희 일행과 용이, 봉순 등: 회귀의 장소로서 평사리

위의 의미에서 공통적으로 보이는 것은, 평사리가 이들에게 근원적인 곳이며 자신의 삶과 사상에 깊이 관여하는 요인이라는 것이다. 평사리 사람들은 이들이 만든 질서 체계 내에서 고통받기도 하고, 애정을 느끼면서 자신을 만들어 나간다. 이를 포괄하여 나타내면 "도리와 상호 연대를 중시한 최참판댁 중심의 지리적 질서"라고 표현할 수 있겠다. 해야할 도리를 중요시 하였고, 마을 사람들 모두가 서로 연결된 하나의 끈처럼 느끼고 그에 따라 행동했기 때문이다. 이러한 사람의 도리와 상호 연대를 중시하는 질서의 중심에는 최참판댁이 있었고, 이들은 그 질서를 지키고 보호해야하는 것이 그의 도리였으며 이러한 질서로 인해 사람들은 강하게 연결되어 정체성의 기반이 되고 다시 평사리로 돌아올 수 밖에 없었던 것이다. 즉, 평사리는 "도리와 상호 연대를 중시한 최참판댁 중심의 지리적 질서"란 장소성을 띠고 있는 하나의 작은 세계였다.

3-2-5. 평사리의 장소성: 종합

평사리의 장소성을 하나로 표기하기란 어렵다. 앞서 의미의 상호주관화를 통해 도출하였던 장소성, "도리와 상호 연대를 중시한

최참판댁 중심의 지리적 질서"는 평사리의 대표적인 장소성 중 하나다. 평사리의 장소성은 위에도 도출한 장소성을 비롯하여 다양한 의미가 축적되는 과정에서 그 깊이가 더해진다. 지각과 감정, 애착, 의례라고 하는 일련의 경험의 양식을 통해 인간과 장소와의 상호작용을 살펴보는 과정을 통해 평사리의 토지가 주민들의 신체와 일상 생활, 감정 상태와 밀착되어 있음을 알 수 있었다.

박경리는 소설에서 서민들의 정신을 지배하는 것은 "자연 종교, 무속의 세계"라고 기술한다(1부 4편 19장). 평사리의 자연(토지)은 주민들과 밀착되어 이들의 삶의 일부이고 정신세계를 지배한다는 점에서 "자연 종교"라는 표현은 다른 어떤 의미보다 평사리의 장소성을 가장 잘 대변하며 상위의 개념에서 다른 의미를 포괄할 수 있는 방법인 듯 하다.

위에서 분석한 일련의 의미를 종합하였을 때, 평사리의 장소성을 "자연 종교, 무속의 세계"라고 결론지었다. 이 표현 자체의 의미도 평사리를 이해하는 데 도움이 되지만, 보다 중요한 것은 이 장소성이 도출되기까지의 프로세스이다. 다양한 사람들이 어떻게 의미 부여를 했고 그들의 공통점과 충돌 속에서 이들을 포괄하는 의미를 도출해 낸 것이기에 이 프로세스를 통해서 한 장소의 다양한 측면들을 깊게 이해할 수 있기 때문이다. 본 사례 연구에서도 평사리의 장소성을 깊게 이해하는 데 필요한 인물들의 소개와 이들의 구체적 활동, 그 의미 관계를 자세히 제시했기 때문에 평사리의 다각적인 측면을 살펴볼 수 있었다. 그리고 동시에 "자연 종교, 무속의 세계"라는 장소성이 평사리의 절대적인 장소성이 아니란 중요한 사실 또한 내포하고 있다. 그림 8은 최종적인 평사리의 장소성이 도출되기까지 장소성 프로세스를 적용한 과정을 나타낸 것이다.

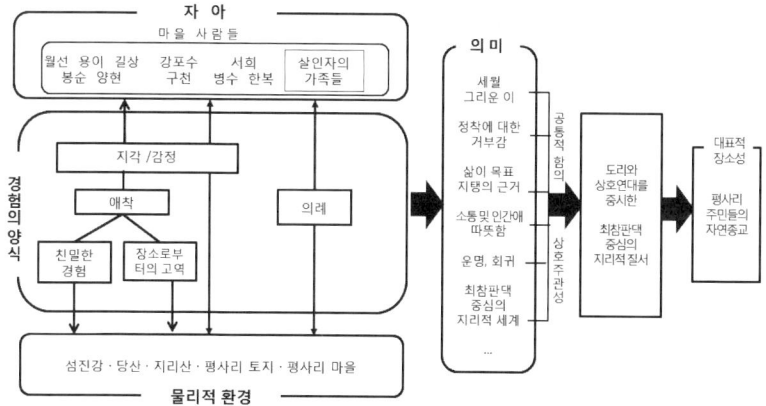

[그림 8] 장소성 프로세스를 적용한 평사리 장소성 도출 과정 모식도

4. 결론

 장소성이 도출되기까지의 프로세스를 모델로 제시함으로써 장소성을 보다 효과적으로 이해할 수 있었다. 본 연구에서 제시하는 모델은 인간주의 지리학자 Casey, Relph, Tuan이 제시한 장소에 대한 개념을 재구성하여 구체화하였다. 장소성 프로세스는 지리적 자아, 경험의 양식(지각/감정, 애착, 의례), 물리적 환경이라는 세 가지 요소의 상호작용에 의해 장소의 의미가 도출되고, 이러한 무수한 의미들 중 상호주관성에 의해 대표적 장소성이 도출됨을 보여준다. 대표적 작소성은 충돌과 변화과정을 거쳐 의미가 축적되면서 고유한 최종적인 장소성을 나타내게 된다. 장소성 프로세스 모델을 박경리의 소설 <토지>의 무대인 평사리에 적용한 결과, "평사리 주민들의 자연 종교"라는 장소성을 도출하게 되었다. 최종적인 평사리의 장소성을 도출하기까지 지리학에서 연구된 장소

개념을 바탕으로 구체적 요인을 분석하고 이들이 충돌, 발전하는 일련의 과정을 분석하였다는 점이 중요하다.

이 모델을 제시함으로써 장소성에 대해 체계적 방법론을 통해 접근할 수 있는 기반을 다질 수 있었다. 하지만, 본 모델은 인간주의 지리학 관점에서 간접적으로 장소를 경험하기 위해 문학 속 장소를 이해할 때만 유효하다는 점, 그리고 이 또한 완벽한 모델이 아니라는 점에서 한계가 있다. 문학 속에서 지리적 정보를 획득하거나, 그 속의 텍스트를 해독하고자 할 때는 인간주의 지리학적 관점이 아닌 다른 접근방법이 필요할 것이다. 인간주의 지리학 관점에서의 모델 또한 위 모델보다 더욱 체계화되고 완성도 있는 모델 제시가 필요하다. 앞으로 이러한 한계를 극복하고 보다 정교하고 다양한 모델 개발 및 적용 연구가 지속적으로 이루어지길 기대한다.[44]

---

* 이 글은 「인간주의 지리학 관점에서의 장소성 프로세스를 적용한 문화지리학 연구-소설 〈토지〉 속 평사리를 중심으로」란 제목으로 2011년 『지리교육논집』 55호에 실린 글을 수정·보완한 것이다.

참고문헌

김덕현, 「장소와 장소 상실, 그리고 지리적 감수성」, 『배달말』 43, 2008.
김치수, 「〈토지〉의 세계」, 정현기 편, 『한과 삶』, 솔, 1994.
김형국, 「소설 〈토지〉의 인물들과 오늘의 도시생활」, 김형국 외, 『사람의 도시: 도시문화론』, 심설당, 1980.
박경리, 〈토지〉, 마로니에북스, 2012.
백선혜, 「장소마케팅에서 장소성의 인위적 형성: 한국과 미국 소도시의 문화예술축제를 사례로」, 서울대학교 박사학위 논문, 2004.
서도식, 「공간의 현상학」, 서울시립대학교 도시인문학연구소(편), 『도시공간의 인문학적 모색』, 2009.
시모어 채트먼, 한용환 역, 『이야기와 담론』, 푸른사상, 2003.
심승희, 「문학지리학의 전개과정에 관한 연구: 토마스 하디의 소설을 중심으로」, 『문화역사지리』 1, 2001.
에드워드 렐프, 김덕현·김현주·심승희 역, 『장소와 장소상실』, 논형, 2005.
이기봉, 「지역과 공간, 그리고 장소」, 『문화역사지리』 17(1), 2005.
이상진, 「〈토지〉속의 만주, 삭제된 역사에 대한 징후적 독법」, 『현대소설연구』 24, 2004.
──, 「일제하 진주지역의 역사와 박경리의 〈토지〉」, 『현대문학의 연구』 27, 2005.
──, 「〈토지〉의 평사리 지역 형상화와 서사적 의미」, 『배달말』 37, 2005.

──, 「〈토지〉에 나타난 동아시아 도시, 식민주의와 물질성 비판」, 『현대문학연구』 37, 2009.

──, 「탈식민주의적 시각에서 본 〈토지〉 속의 일본, 일본인, 일본론」, 『현대소설연구』 43, 2010.

이승윤, 「식민지 경성의 문화와 근대성의 경험」, 최유찬 외, 『한국 근대 문화와 박경리의 〈토지〉』, 소명출판, 2008.

이푸 투안, 구동회·심승희 역, 『공간과 장소』, 대윤, 1995.

이푸 투안, 최지원 역, 「문학과 지리학: 지리학적 연구의 함의」, 『지역문학연구』 5, 1999.

정진원, 「인간주의 지리학의 이념과 방법」, 『지리학 논총』 11, 1984.

조윤아, 「공간의 성격과 공간 구성」, 최유찬 외 편, 『토지의 문화 지형학』, 소명출판, 2004.

조정래, 「생존의 원리와 역사성」, 한국문학연구외(편), 『〈토지〉와 박경리 문학』, 솔, 1996.

황도경, 「소설 공간과 '집'의 시학」, 『현대소설연구』 17, 2002.

Aderson, J., *Understanding Cultural Geography: Places and traces*, Oxon & New York:Routledge, 2010.

Agnew, J., *Place and Politics: The Geographical Mediation of State and Society*, Boston: Allen & Unwin, 1987.

Blunt, A., Geography and the humanities tradition, in S.L., Holloway, S.P.,Rice and G.Vallentine (ed), 2003, *Key Concepts in Geography*, London: SAGE Publications, 2003.

Brosseau, M., *Geography's literature, Progress in Geography*, 18(3), 1994.

Casey, E., How to get from space to place in a fairly short stretch of time, in Feld, S. and Basso, K.H. (ed) 1996, *Senses of place*, Santa Fe, New Mexico: School of American Research Press, 1996.

Casey, E., Between Geography and Philosophy: What does it mean to be in the Place-World?, *Annals of the Association of American Geographers*, 91(4), 2001.

Castree, N., Place: connections and boundaries in an interdependent world, in S.L., Holloway, S.P., Rice and G.Vallentine (ed), 2003, *Key concepts in geography*, London: SAGE Publications, 2003.

Cresswell, T., *Place: a Short Introduction*, Malden, MA: Blackwell Publish, 2004.

Frank, J., *The Idea of Spatial Form*, New Brunswick:Rutgers University Press, 1991.

Sharp, J.P., Towards a critical analysis of fictive geographies, *Area*, 32(3), 2000.

Tuan, Y., *Topophilia*, New Jersey:Prentice-Hall, 1974.

박경리의 〈토지〉와 '부산'

김승종

1. 들어가는 말
2. 침략과 억압 및 수탈의 전초기지로서의 '부산'
3. 저항과 투쟁의 공간으로서의 '부산'
4. 맺는 말

1. 들어가는 말

 부산은 중생대에 형성된 육성층인 '경상분지'에 위치하고 있다. 부산은 고도 500m 내외의 구릉성 산지가 독립적으로 분포하고 있으며 여기서 뻗어 나온 산간은 완만한 경사로서 해안으로 이어진다. 이처럼 부산의 내륙은 노년기의 구릉성 산지와 이들 산지 사이에 발달한 소침식 분지로 이루어져 있으며 남해안과 동해안이 꺾어지며 이어지는 모서리 해안에 위치하고 있다. 또한 이 위치는 일본 대마도로부터 불과 49km밖에 떨어지지 않은 위치여서 끊임없이 왜구의 침입에 빈번하게 시달려온 지역이기도 하다.
 '개방성과 활력을 동시에 지닌 도시'로 흔히 규정되는 부산의 공간적 성격은 이와 같은 지형적 특징과 무관하지 않다.[1] 또한 부산은 1876년 개항 이래 빠른 속도로 근대화를 추진하는 가운데 국권을 수호해야 했던 근대 초기 한국사의 특수성을 대변한다. 서양과 일본의 새로운 문물들이 부산을 통해서 수입되었고, 일제의 정치적·군사적 침투도 대개의 경우 부산을 기점으로 이루어졌기 때문에 부산은 경성과 더불어 일제가 최우선적으로 점령하고자 했던 전략적 요충지이자 가장 큰 피해를 입었던 지역이었다.
 이인직의 〈혈의 누〉, 〈무정〉, 〈만세전〉 등 한국문학사를 대표하는 소설들에 등장하는 수많은 인물들이 유학, 도피, 교역, 재충전 등과 같은 다양한 목적을 지니고 부산에 머물거나 부산을 거쳐 간다. 따라서 부산은 작가들로 하여금 작품을 통해 일제의 수탈과 폭압 및 우리 민족의 피폐해질 대로 피폐해진 비참한 삶의 양상을 끊임없이 환기시켜 주는 대표적인 공간이었다고 할 수 있다.[2]

---

1) 조갑상, 『소설로 읽는 부산』, 경성대학출판부, 1998, 322쪽.

사실 〈토지〉에서 '부산'이라는 공간이 지닌 비중은 다른 곳에 비해 그리 큰 편이 아니다.[3] 이 작품의 주요 공간은 최참판댁을 비롯한 주요 등장인물의 생활 터전인 '평사리'를 비롯해, 친일파 조준구에게 쫓겨 간 최서희가 재기의 발판을 마련한 '만주', 조준구에게 빼앗긴 재산을 되찾은 최서희가 두 아들과 더불어 정착하게 되는 '진주', 그리고 김환을 비롯한 송광수, 강쇠, 윤도집, 지삼만 등과 같은 이른바 '동학당'들의 집결하여 세력을 키우던 '지리산' 등이다.[4]

그러나 이 작품의 이면에 숨어 있거나 작가가 일일이 묘사하지 않은 부분까지 온전히 복원할 경우 '부산'은 〈토지〉에서 가장 빈번하게 등장하는 공간이며 결코 적지 않은 비중을 지닌 공간으로 볼 수도 있다. 일제가 조선을 침략하고 수탈하기 위해 첫발을 내딛는 곳이 부산이요, 수많은 유학생들이 청운의 뜻을 품고 외국행

---

2) 이와 같은 계열의 소설을 대표하는 작품으로서 염상섭의 〈만세전〉을 들 수 있다.
3) 박경리의 작품 중 비교적 부산이 가장 중요한 배경으로 설정된 작품은 〈파시〉(1964)이다. 이 작품에 등장하는 인물들은 주로 통영과 부산을 오고가는 동선을 보이는데, 부산은 통영에 비해 상대적으로 금전적·육체적 유혹이 많아 타락하기 쉽고(통영에 살던 학자가 부산에 온 후 카페 여급으로 전락하는 것이 대표적 사례이다. 박 의사 역시 병원을 부산으로 옮긴 후 아들을 정략 결혼시키려고 하는 등 보다 세속적 욕망에 집착하는 모습을 보인다) 밀수, 강간, 절도와 같은 범죄가 성행하는 곳으로 그려짐으로써 통영에 비해 상대적으로 타락한 공간으로 설정되어 있다.
4) 〈토지〉의 배경이 되는 각 지역은 역사에 대한 다양한 인식의 스펙트럼을 보여주고, 이를 위해 상징적 의미를 드러내는 공간성을 띠기도 한다. 이 작품을 공간 단위로 분석하는 것은 방대한 복잡한 이 작품의 서사를 단순화하고 통합적으로 읽어냄으로써 각 공간의 역사적 의미를 추출하는 데 유용하다. 또한 이를 통해 〈토지〉가 한국의 역사는 물론, 20세기 동아시아 역사를 어떻게 형상화하고 있는가를 파악할 수 있다.
이상진, 「〈토지〉에 나타난 동아시아 도시, 식민주의의 물질성 비판」, 『현대문학의 연구』 37호, 2009. 2. 387쪽 참조.

배를 타는 곳도 부산이다. 또한 근대적 지식과 문명이 대부분 부산을 거쳐 국내로 들어왔으며 조선의 경제체제가 세계 자본주의 시장에 본격적으로 편입되기 시작한 곳도 다름 아닌 '부산'이다.

일제 초기 경남의 지역의 도청 소재지는 부산이 아닌 진주였다. 따라서 일제 강점기 초기에 진주는 경남지역에서 일제의 경찰력을 상징하는 공간이요, 저항의 뿌리도 깊은 공간이었다. 그러나 보행 이동의 시대와 도로가 교통의 중심이던 시대가 지나고 일제가 식민지 침략의 거점으로 부산을 개발하게 되면서 부산은 진주보다 훨씬 빠른 속도로 근대화 되었다.[5] 부산은 개항 이래 많은 크고 작은 국내외 선박들의 기항지로서 국제 무역의 중심지 역할을 떠맡아 왔다. 게다가 1905년 경부선이 개통되자 부산은 서울 다음가는 교통의 요지가 되었다. 이후 3·1운동을 거치면서 보다 강력하고 효율적인 주민 통제의 필요성이 제기되었으며 이에 따라 일제는 1925년, 경남의 도청 소재지를 진주에서 부산으로 옮겼다.[6]

---

[5] 진주와 부산의 위상이 역전되는 현상은 채만식의 『탁류』의 배경지인 군산과 작가의 고향인 임피의 관계와 유사하다. 원래 군산은 인구 5천명 이하의 작은 포구 마을이었고 임피는 군청이 자리 잡고 있는 농경 사회의 중심지였으나, 일제가 군산을 미곡 수탈의 전진기지로 개발함과 동시에 번성해진 것과 대조적으로 임피는 일개 군산의 변두리 면(面)으로 전락하고 만 것이다. 경남의 도청소재지가 진주에서 부산으로 옮긴 것 역시 〈토지〉의 주제 및 전체 공간 배치와 밀접한 연관을 맺고 있다. 진주는 서희가 머무는 공간으로서 송관수, 정석 같은 독립운동에 가담한 인물들이 주도적으로 활동하고 서희의 집을 찾는 일본인 경찰이나, 김두만 같은 친일 자본가들이 오히려 주눅이 드는 공간으로 설정된 반면, 부산은 일본인들의 지배력이 훨씬 강한 만큼 강쇠와 홍이 같은 인물들이 큰 봉변을 당하거나 상대적으로 위축되는 부정적인 공간으로 그려지고 있다. 이처럼 불균형한 지역 간 발전이나 주요 도시의 대일 종속적 성격은 식민지화 과정에서 필연적으로 야기된 결과들이다.

[6] 이상진, 「일제하 진주지역의 역사와 박경리의 〈토지〉」, 『현대문학의 연구』 27호, 2005. 11. 103쪽.

부산은 육지가 끝나고 바다가 시작되는 곳에 자리 잡고 있다. 이 곳은 또한 바다를 사이에 두고 조선과 일본의 경계가 형성되는 곳이며, 바다를 통해 중국, 미국을 비롯해 세계 각국과 이어지는 공간이기도 하다. 부산은 또한 송관수나 정석 등이 만주로 탈출하기 전까지 활동가들이 노동자와 진보적인 지식인들을 규합하여 지하에서 조직을 확대하고 투쟁을 전개하던 곳이기도 하다. 그런가 하면 부산은 백정의 외손자였던 송영광이 강혜숙과 사랑을 나누는 과정에서 민족 내부에 여전히 엄존하는 신분의 장벽을 뼈저리게 체험한 공간이며, 유인실과 오가다 사이에서 태어난 혼혈 소녀 쇼지가 입국하여 자신의 정체성에 눈뜨기 시작하는 공간이기도 하다.

이 글에서는 〈토지〉에서 부산이 지니는 양면적 성격, 곧 작품의 후반부로 갈수록 보다 구체적이면서도 강렬하게 묘사되고 있는 '침략과 억압 및 수탈의 전초기지'로서의 성격과, 갖은 고난에도 굴하지 않고 오히려 그것을 계기로 민족의 해방을 꿈꾸며 부산에서 '저항과 투쟁'을 끈질기게 전개하고 있는 양상들을 살펴보도록 하겠다. 아울러 부산이 지닌 이와 같은 성격이 작품의 전체 줄거리를 상징적으로 축약하고 있는 양상과 '한'과 '생명 사상'으로 대변되는 작품의 주제를 구성하는 데 어떻게 기여하고 있는지 분석해 보도록 하겠다.

2. 침략과 억압 및 수탈의 전초기지로서의 '부산'

부산에 근대식 재판소가 설치된 것은 1895년 5월 1일이며, 명칭은 '부산재판소'였다. 통감부 시절을 거쳐 강제 합방된 뒤 일제는 재판권과 감옥권을 강탈하여 1910년 10월 1일자로 총독부 '재판소령'에 의해 일제의 사법기관이 부산에 들어갔다. 경부선 개통과 더불어 부산에서는 우편제도와 사법제도도 일제 주도하에 구축되었으며, 이러한 제도들은 결국 일제의 조선에 대한 효율적인 침략과 조선인에 대한 조직적이면서도 체계적인 억압 및 수탈의 수단으로 이용되었다.[7)]

〈토지〉에서도 부산은 '일제의 억압'을 상징하는 공간으로 그려진다. 〈토지〉 1부에서 최참판댁의 재산을 노리는 존재로 등장하는 조준구는 노골적으로 자신이 일제 당국의 비호를 받고 있음을 과시한다. 조준구는 부산에 주둔하는 헌병대장과의 친분을 의도적으로 과시한다.[8)]

집안의 가장이었던 최치수가 조준구의 간접 사주를 받은 김평산에 의해 살해되고, 재산을 도맡아 관리하며 일가를 이끌고가던 윤씨 부인마저 호열자로 세상을 뜨자 조준구는 최참판댁의 재산을 통째로 가로채고자 한다. 마을 사람들이 조준구를 더욱 증오하게 된 것은 그가 친일파라는 소문이 파다하게 퍼진 이후이다.

> 조준구는 은밀히 읍내로 곡식 섬 돈꾸러미를 실어내는데 그것은 다 코방귀를 뀌던 바로 그 벼슬아치한테 가는 것이라 했다. 왜놈의 헌병인가 대장인가를 부산서 끌고 와서 칙사 대접에 사냥까지 함께 했다는 말도 있었다.(박경리, 〈토지〉 1부 3권, 마로니에북스, 2012, 393~394쪽)

---

7) 조갑상, 앞의 책, 50쪽.
8) 조준구는 처음 등장할 때 양복을 입은 '개명양반'으로 소개되고 '왜놈들 병정'의 홀태바지 모습에 빗대어 묘사된다. 이와 같은 묘사는 어느 정도 계산된 것이라고 할 수 있는 것으로서 그의 존재를 일본과 결부시키려는 작가의 숨은 의도를 거기서 읽을 수 있다. 곧 그의 존재는 일본 세력의 등장과 퇴장에 밀접하게 연관되어 있는 것이다.
최유찬, 『세계의 서사문학과 〈토지〉』, 서정시학, 2008, 333쪽. 참조.

이처럼 조준구는 최참판댁의 재산을 강탈하는데 그치는 정도의 악인이 아니라 일제에 영합하여 자신의 이익을 챙기려 하는 매국노이며 자신의 세력을 확장하기 위해 농민들을 분열시키고, 삼월을 농락하는가 하면 무고한 사람들이 일본군에게 살해당하게 만드는 사악한 인물로 그려진다. 조준구가 최참판댁 재산을 강탈하고 마을 사람들에게 전횡을 일삼는 과정에서 '부산'이라는 지명이 이 작품에서 처음 등장하게 되는데, 부산은 '헌병대가 주둔하는 곳'으로 마을사람들에게 '소문'을 통해 인식되기 시작한다. 이처럼 수탈과 강압의 주체로서의 일제를 '소문'의 형식으로 처리한 것은 당대 민중들이 아직 일제나 일인들의 만행을 직접적으로 겪지 않았으나, 미래에는 민중들이 그들의 만행을 직접 겪게 될 것을 암시하는 것으로 보인다.

조준구는 김 훈장에게 자신이 부산의 헌병대장과 친분이 있음을 과시하기도 하고, 실제로 운보, 길상, 이용 등의 의병을 조직하여 자신을 공격하자 조준구는 일본군을 끌어들여 의병들을 소탕하고자 한다. 이들이 만주로 도피하여 종적을 감추어 더 이상 추적할 수 없게 되자 조준구는 자신의 심복이었으나 어느덧 부담스러운 존재가 되어버린 삼수를 제거하고 단지 자신에게 불손했다는 이유만으로 정한조를 의병으로 몰아 일본군에게 죽게 만든다.[9]

---

9) 이처럼 〈토지〉의 초반부에 등장하는 '부산'은 '헌병대가 주둔 하는 곳'으로 부각되고 있는데 이는 일제가 부산을 조선 침략과 조선인 수탈의 전초기지로 삼은 것과 일치한다. 또한 조준구가 일본 헌병을 앞세워 최참판댁의 재산을 갈취하는 과정은 그대로 일제가 우리의 국토를 침범하여 국권을 강탈하고 체계적 수탈을 위한 식민지 자본주의 체제를 구축해 간 것과 상응한다. 그러나 〈토지〉 1부에서 일본 헌병의 부정적 성격은 간접적으로 그려지고 있다. 곧 일제의 만행보다는 조준구의 악행이 보다 직접적이고 강렬하게 그려지고 있다.

'억압과 수탈'로 대변되는 일제의 부정적 성격은 작품의 후반부로 갈수록 보다 구체적으로 그려진다. 〈토지〉 3부 2권에서는 이용의 아들 이홍이 부산의 자전거포에서 일하는 장면이 나오는데 이때 홍이는 친구 상길을 통해 일본인 업주 밑에서 일하는 덕용이라는 인물을 소개받는다. 덕용을 고용한 일본인 업주 측은 덕용을 상습적으로 구타하고 인간적으로 모욕한다. "막일하는 조선 사람들을 개만큼도 생각하지 않고 버러지 보듯이 하는" 일본인에 대해 덕용은 분노를 감추지 못한다. 심지어 여자 노동자들이 일인 고용주에게 상습적으로 성폭행당하는 사실도 덕용에 의해 알려진다. "고향에서 돈 잘 번다고 칭찬이 자자하지만" 일인 업주 밑에서 일하는 부산 노동자들의 실상은 이처럼 처참하기 이를 데 없었던 것이다.

  〈토지〉에서 '부산'은 일제강점기가 지속되는 가운데 겉으로는 날로 변화해진다. 하지만 이는 전적으로 일인들을 위한 것일 뿐, 조선인들과는 무관한 것이었다. 도회지 부산에서 비참한 삶을 살아가는 조선인 노동자들은 "면박을 찼으면 찼지 고향은 안 가겠다"고 버틴다. "일 없는 날에는 굶기를 밥 먹듯 하고 결국 걸인이 되기도 하고 딸을 청루에 팔아먹기"까지 하면서도 이들은 고향에 돌아가지 못한다. 고향에 돌아가 보았자 살아갈 방책은 없으면서 이들은 동네 사람들에 의해 조롱과 야유의 대상이 되기 십상이기 때문이다. 따라서 부산은 이들 조선인 노동자와 걸인들에게 더 이상 나아갈 수도 물러설 수도 없는 매우 절박한 공간으로 인식된다.

  덕용과 조선인 노동자와 걸인 등에게 부산에서 일제가 자행한 부정적 행위들은 〈토지〉 1부에서보다는 한층 강렬하게 제시된다. 그러나 덕용이 일본인 업주에게 당하는 수모는 구체적으로 묘사되지 않으며 부산 노동자와 걸인들이 겪는 참상들이 화자의 주석적 서술을 통해 전달되고 있을 뿐이다. 〈토지〉 1부에서 제시되었던 부산의 헌병과 친일파 조준구의 관계는 민중들 사이에 떠도는 소문의 형식으로 언급되었듯이, 〈토지〉 3부에서 덕용이 겪는 고통도 그의 언술을 통해 전달될 뿐, 부산에서 발생한 구체적 사건으로 묘사되고 있지는 않다.

이에 비해 〈토지〉 4부 1권에서는 일제의 폭압적 성격이 구체적인 사건을 통해 드러난다. 지리산에서 은거하며 동학당으로 활동하던 강쇠가 부산에서 봉욕을 당하는 장면이 그것이다. 술을 싣고 자전거를 타고 가던 일본인이 강쇠를 치게 되는데 그는 자신이 잘못하였음에도 불구하고 강쇠를 경찰서로 끌고 간다. 부산에서 은밀하게 노동자들을 규합하던 강쇠는 보잘 것 없는 일본인에게 아무 대항도 하지 못하고 경찰서에 끌려가 심하게 구타당한다. 이 와중에 강쇠를 더욱 슬프게 한 것은 "일본인 순사보다 조선인 순사가 매를 더 때리는 사실"이었다.[10]

이처럼 '부산'은 〈토지〉의 후반부로 갈수록 일제의 부정적 성격이 보다 구체적으로 강렬하게 그려지는 공간이다. 이는 물론 일제의 폭압이 식민 통치 말기로 갈수록 한반도뿐만 아니라 동아시아 전체에 걸쳐 극렬하게 자행된 결과이기도 하지만, 우리의 민족이 어떤 시련과 고통 속에서도 결코 소망을 잃지 않는 '불퇴전의 정신'과 민족적 저력을 지니고 있음을 드러내고자 했던 작가의 의도가 반영된 결과이기도 하다.[11] 또한 통영이나 진주에 비해 부산은

---

10) 이를 두고 작가는 "남편보다 앞장서서 제 자식을 때려야 하는 개가한 계집같이, 피의 배반, 제 피를 부정하고 배반한 자에 대한 분노는 핏줄을 부르는 감정보다 더욱 강렬한 것"이라고 서술함으로써 조선인 순사에 대해 분노의 감정을 숨기지 않고 있다.
11) 천이두는 '한국적 한(恨)'이란 남을 원망하거나(怨) 자신을 탓하는 자책감(歎)과 같은 부정적 정서를 '삭임'이라는 과정을 통해서 남을 배려하고(情)

일본인들과 친일 조선인들이 거침없이 활개 치던 공간으로 그려지고 있다. 그러나 부산에서 조선인들이 겪는 고통이 심화될수록 '저항과 투쟁'의 불길 역시 그들 사이에서 강렬하게 솟구치게 된다.

많은 조선인들이 일본인의 잔인한 횡포와 무자비한 수탈에 시달리고 위축될 수밖에 없었을 것이지만, 강쇠와 같은 동학당 출신의 독립투사나 의식 있는 부두노동자들의 항일의식은 오히려 고조되고 있었던 것이다. 일본인과 순사들에게 어이없이 당한 강쇠는 "오냐, 내가 눈 감기 전에는, 내 목심이 붙어 있는 동안에는 네놈들하고 대항하겠다."고 마음속으로 뜨겁게 맹세한 후 송관수와 더불어 부산의 부두 노동자들을 규합하여 "원산대파업"에 버금갈 만한 대규모 노동 항쟁을 기획한다.12)

일제는 운양호 사건 이래 조선에 대한 침략과 수탈을 지속적으로 자행하던 끝에 1910년에는 마침내 조선의 국권을 강탈한다. 이

　미래를 향한 소망을 품는(願) 긍정적 정서로 전화시키는 '소극적 적극성'으로 정의한 바 있다. 평사리, 만주, 지리산, 부산 등에서 일제로부터 고난을 당하는 〈토지〉의 등장인물들 역시 부정적 정서에 함몰되지 않고 민족 해방에 대한 소망을 끝내 버리지 않는다는 점에서 '한국적 한'을 실현하고 있다고 볼 수 있다.
　천이두, 『한의 구조 연구』, 1993, 115~116쪽 참조.
12) 도시화 과정에서 부산으로 이주해 온 조선인은 일본인의 토지를 비롯한 경제적인 수탈에 거세게 저항하였다. 1907년 대구에서 불붙은 국채보상운동은 부산에서 출발하였고, 관세철폐를 비롯한 부산 민중의 일본인들과 마찰은 당시의 반일 분위기를 짐작게 한다. 3·1운동은 물론, 반일적인 사회운동, 부두노동자들이 보여준 집단행동, 조선방직을 비롯한 근대식 공장에서 일어난 노동자들의 파업투쟁은 단순한 경제적인 착취에 저항하는 본능적인 저항에서 점차 반일적인 민족적이고 정치적인 조직적 저항의 형태를 보였다. 그리고 안희재, 박차정 등을 비롯한 많은 민족해방운동가의 활동은 부산이 식민지 수탈의 전초기지라는 지리적 배경과 연계해 설명이 가능하다. (차칠욱, 「식민성과 개방성이 공존하는 이중도시 부산 항구도시 부산의 근대화 과정」, 『식민성과 개방성이 공존하는 이중도시 부산』, http://blog.naver.com/PostView)

후 헌병무단통치를 통해 조선인의 인권을 탄압하고 '토지조사사업'이나 '회사령' 등을 통해 수탈한 조선의 물자가 일제의 국가적 발전과 번영의 밑거름이 된 것은 주지의 사실이다. 일제가 한반도 전체를 강점하기 전부터 이미 '부산'에는 일본의 조차지가 들어섰다. 이 조차지가 본격적인 일제의 조선 침략의 발판이 된 것은 물론이다. 부산과 연관된 일제의 야만적 폭압과 인권 유린 양상은 이처럼 작품의 후반부로 갈수록 상길, 강쇠 등을 통해서 보다 구체적으로 제시된다.

작품의 종반부인 〈토지〉 5부에서 제시되고 있는 남희라는 어린 소녀가 일본군 장교에게 강간당하는 사건은 일제의 폭압과 만행의 극치를 보여줌과 동시에 부산을 무대로 하여 조선인에 대한 일본인들의 야만적 폭행이 아무런 가책 없이 태연하게 자행되고 있었음을 드러내는 사건이라 할 수 있다. 십대 초반의 남희를 강간한 일본군 장교는 극악한 죄를 지었음에도 불구하고 뉘우치기는커녕 오히려 자신을 신고하면 남희를 정신대로 끌고 가겠다고 협박하는가 하면, 남희에게 성병을 옮김으로써 평생 씻을 수 없는 상처를 남긴다.[13]

이처럼 〈토지〉에서 그려지고 있는 일제의 만행은 작품의 초반부에는 '소문'이나 '편집자적 논평'을 통해 간접적으로 그려지지

---

[13] 남희의 할아버지 정한조는 그를 미워하였던 조준구의 모함에 의해 일본군에 의해 살해당하고 그녀의 부친 정석은 일제의 조선인 형사와 내통한 아내의 밀고 때문에 사랑하는 가족들과 헤어져 만주로 떠난다. 그리고 남희의 오빠는 대학 재학 중 일본군에 강제 징집되고 그녀마자 일본군에게 강간당함으로써 일제에 의한 정 씨 일가의 수난은 삼대째 계속 이어지나. 평범한 농민에 불과했던 정한조와 그의 후손들이 당한 고통은 곧 일제에 의해 우리 민족 전체가 겪을 수밖에 없는 수난을 대변하며 일제의 식민 통치가 종식되지 않는 평범한 농민들조차 비참한 운명을 면하기 어려웠던 당시의 부조리한 식민지 현실을 일깨운다. 특히 이들 사건이 '침략과 수탈의 전초기지로서의 부산'과 일정하게 관련성을 맺고 있음은 주목을 요한다.

만, 후반부로 갈수록 일제와 이에 동조하는 매국노들의 만행은 보다 구체적인 사건을 통해 직접적으로 묘사되고 있다. 이와 같은 담론의 형식은 일제의 폭압과 수탈이 해방의 날이 다가올수록 더욱 극렬해졌음을 반영하는 것이 아닐 수 없다.

일제에 의하여 조성된 부산의 시가지는 겉으로는 화려하고 번창해 보이지만, 그 이면은 추악하기 이를 데 없는 것이었다. 그 이면에는 조선인들의 고통, 궁핍, 비굴, 희생, 절망, 슬픔 등이 가로 놓여 있었고 일제 강점이 지속될수록 조선인의 육체뿐만 아니라 영혼까지도 심각하게 훼손되어 갔다. 그러나 일제가 이처럼 부산을 그들의 도시로 삼으려하고 침략과 수탈의 발판으로 삼을수록 그들의 대한 반감과 저항의식 또한 동이하게 상승하였다. 이에 따라 〈토지〉의 작가는 일본인들의 억압과 차별 및 수탈과 횡포에 결코 굴하지 않고 끈질기게 투쟁을 전개하며 민족적 생명을 수호하고자 했던 이들의 모습을 그리게 된다.[14]

3. 저항과 투쟁의 공간으로서의 '부산'

일제의 식민지 체제가 더욱 공고하게 자리 잡을수록 조선의 지식인들은 방황하고 경성과 부산과 같은 대도시로 몰려들었던 민중들의 삶은 날로 피폐해져 갔다.

---

14) 〈토지〉 5부 2권에서 오랜만에 부산을 다시 찾은 영광은 겉으로 변화해진 부산의 이면에 꿰뚫어 본다. "고급 상점들이 줄을 잇고 밤하늘에 높이 솟은 미나카이 백화점의 하얀 건물이 거리를 내려다보고 있었으며 얼마간 돌아가면 부산에서 가장 변화하고 현란한 나가타도리(광복동거리)가 있건만 부두 쪽에서, 영도 쪽에서 가장 춥고 배고픈 노동자들이 빈 도시락을 겨드랑이에 끼고 바짓주머니 속에 두 손을 찌르고 계속 걸어 나오고 있었다. (박경리, 〈토지〉 5부 2권, 앞의 책, 267쪽.)

경성, 부산과 같이 번화하고 화려한 불빛과 배고픈 부두 노동자의 귀가의 대조는 바로 일제가 이 땅에 건설한 도시의 실체를 보여준다. 동시에 물질문명에 대한 엄격한 거리화에서 작가의 민족의식을 확인할 수 있다. 결국 식민통치를 위한 전략 도시로 계획된 경성은 태평양전쟁이 진행되면서 전운이 감도는 암울하고 황폐화된 공간으로 바뀌게 된다. 일제에 의한 강제적인 근대화 물질화, 그리고 반생명화가 낳은 분명한 결과이다.[15]

이상진의 지적과 같이 경성과 부산은 평사리나 지리산과 같은 농촌이나 산촌과는 물론, 진주와 같은 고도(古都)나 이순신의 혼이 서려있는 통영이나 독립운동의 기지였던 만주와는 달리 훨씬 부정적인 성격을 지닌 공간으로 그려진다.[16] 진주의 유지인 양재문은 "진주는 결코 소도시가 아니야, 적어도 고도, 인구는 적지만 어중이떠중이 각처에서 사람들이 모여든 부산하곤 다르다"고 강조

---

15) 이상진, 「〈토지〉에 나타난 동아시아 도시, 식민주의와 물질성 비판」, 『현대문학의 연구』 37집, 2009, 387쪽.
16) 작가는 통영에 대해 "일개 편벽의 갯촌이었고 고성군에 달린 관방에 불과했던 이 고장이 임진왜란을 겪으면서, 구국의 영웅 이순신의 당포와 한산도 대첩을 거두게 되는데 그로 인하여 삼도통제사 군영이 이곳 갯촌으로 옮겨지게 된 것이다. 바로 통영이 탄생되었던 것이다. 그 당시 통영에는 벼슬아치들을 따라 서울의 세련된 문물이 흘러들어왔을 것이며, 팔도 장인들이 구름같이 모여들었을 것인즉, 그 위대한 힘과 정신이 마침내 찬란한 승리의 꽃을 피게 했던, 그것은 편벽한 갯촌의 엄청난 변천, 변화였을 것이다. 전쟁이 끝나자 각처에서 모여든 사람들은 귀향을 서둘렀겠지만 해류관계인지 천하일미를 자랑하는 해물이며, 아름다운 풍광, 온화한 기후, 넘실대는 바다, 아득한 저편에의 동경, 그러한 생활의 터전을 사랑했을 감성 풍부한 장인들 자유인들이 잔류했을 가능성은 충분하고 상상키 어렵지 안하. -중략- 이들 자유와 창조의 정신들은 후손들이 치욕을 씹으며 그러나 오기를 잃지 않고 거닐고 있다. -중략- 남면 멀리 멀리 날아가버린 자유의 새가 돌아올 것을 기다리는 사람들, 자랑스러움을 버리지 않는 사람들, 활기에 넘쳐 있는 통영"이라고 주석적으로 서술하며 작가 자신의 고향이기도 한 이 지역에 대한 무한한 사랑과 긍지를 드러내고 있다.

하며 진주에 대한 무한한 긍지를 드러낸다. 이처럼 부산이 대체적으로 부정적인 이미지를 지닌 것으로 그려지는 것은 〈토지〉의 핵심 사상이 '한과 생명 사상'인 것과 무관하지 않다.17)

그러나 〈토지〉에서 '부산'은 부정적으로 그려지기만 한 것은 아니다. 일제의 억압과 수탈이 가중될수록 그 반작용으로 저항과 투쟁의 정신 역시 부산을 중심으로 형성되어 간다. 그리고 저항과 투쟁의 중심에서 송관수, 강쇠, 정석과 같은 인물들이 있다.

김개주와 윤씨 부인 사이에서 태어난 사생아이자 형수를 가로챈 패륜아이며 '동학당'의 실질적 지도자였던 김환을 그림자처럼 수행하던 강쇠는 김환이 일경에 검거된 후 자결하자 부산으로 탈출한다. 이곳에서 강쇠는 부산 부두 노동자들을 규합하여 조직을 비밀리에 키워 나간다. 작중 화자는 부산 노동자로 구성된 상당한 내부 조직은 강쇠의 공적임을 강조한다. 강쇠는 "누구나 쉽게 알아들을 수 있는 언변으로, 소박하고 단순한 행동으로, 자제와 지구력, 그리고 힘센 주먹 등"을 통하여 노동자들의 지도자로 보상하였으며 "사팔뜨기 눈을 부릅뜨면 거칠고 황폐해진 그곳 사나이들이 복종 아닌 서러운 놈끼리만 느낄 수 있는 미묘한 사랑"을 느끼게 하는 묘한 능력을 지닌 인물로 그려지고 있다.

부산에서의 노동운동은 결실을 제대로 맺지 못하고 실패하고 말지만 강쇠는 "불씨 하나 던진 것"이라며 자위한다. 비록 겉으로는

---

17) 흔히 〈토지〉에는 한이 정신과 생명사상이 담겨 있다고 하거니와 그 중 한 가지로 '소내(疎內)의 정신'을 들 수 있다. '소내의 정신'은 자신을 텅 비우고 그 공간에 타자가 소통하게끔 하는 것인데 김환과 강쇠가 중심을 이루는 '지리산'은 바로 '소내의 정신'이 살아 있는 곳이다. 이들은 철저하게 자신을 희생하고 타자를 위해 헌신하는 인물들이기 때문이다. 반면에 일제의 자본주의 경제제와 물질문화가 지배하던 당시 부산은 '소내'보다는 '소외 현상'이 지배하는 공간으로서 부정적으로 묘사될 수밖에 없었던 것으로 보인다.

실패하였지만 강쇠가 관수가 부산 노동자들 가슴에 심어놓은 저항의 불길은 그대로 남아 있기 때문에 언제는 다시 타오를 수 있을 것이라는 민중 계급만이 지닐 수 있는 낙관적 전망을 강쇠는 피력하고 있다.

부산을 배경으로 하여 가장 많이 등장하는 인물은 송관수와 그의 가족들, 특히 맏아들인 영광이다. 송관수의 아버지는 동학군의 적이었던 보부상이었으나 회심하여 동학군에 가담하였다가 죽었으며, 송관수 역시 윤보, 길상 등과 의병활동을 하다가 백정 집에 숨어든다. 백정의 딸과 결혼하면서 신분이 낮아지게 되자, 양반과 일제에 대한 그의 반감은 더욱 커진다. 그는 1920년대에 진주를 중심으로 전개 되었던 '형평사 운동'에 주도적으로 참여한다. 진주에서 조직된 형평사는 자식을 공교육을 통해 제대로 양육하겠다는 간절한 희망을 표시하는 백정과 그것을 철저하게 거부하는 시민들(농청) 간의 투쟁의 산물로 보아야 하는데 백정의 사위인 송관수는 백정의 편에 서서 주도적으로 투쟁한 것으로 그려지고 있다.[18]

조선 사람들끼리의 싸움으로서 계급투쟁의 성격으로 시작된 형평사운동에 사회주의 진영이 가담하면서 일제는 형평사 운동을 탄압하기 시작함에 따라 이 운동은 자연스럽게 항일운동의 성격을 띠게 된다. 형평사운동을 주도하던 송관수는 일본 경찰을 피해 부산으로 도피한다. 관수가 부산에 온 이유는 일경의 눈을 피하기 위한 것이기도 하지만, 한편으로 백정이라는 신분을 감추고 아들 영광을 상급학교에 진학시키기 위한 것이었다. 부산으로 독립운동

---

[18] 송관수는 형평사 운동을 통해 진보적인 젊은 세대와 접촉함으로써 신념과 행동을 구체화해 나가는 사람, 발바닥으로 배우고 깨달은 사람, 또한 "사상이니 이념이니, 식자들의 풍월 같아서 끝내 아니꼬웠으나 철저하게 긁어내는 일제의 쇠스랑 밑에서 비명을 지르는 겨레의 강토와 더불어 민족의식이 각성되어 간" 이물로 〈토지〉에 그려지고 있다.

의 터전을 옮긴 관수는 "산을 중심하여 사방에 거미줄을 쳐놓았던 조직은 잠들어 있을 뿐 흔들면 언제나 깨어날 수 있다"고 확신하는 반면에, 지식인 중심의 민족주의, 공산주의, 무정부주의 등은 "머리통은 큰 대신 가리와 몸뚱이는 빈약하다"고 비판하며 주로 노동자들의 투쟁역량을 규합해 나간다.

"세상을 바꾸어 놓아야 하고, 배고프고 핍박받는 사람을 없애야 한다."는 자신의 신념을 실천하기 위하여 관수는 "발바닥이 불이 날 지경"으로 돌아다니며 노동현장에 잠입하여 부산 부두의 파업을 비롯해서 기타 크고 작은 일에 개입하고 측면 지원도 한다. "식자층도 쑤시고 다니며 은근히 충동질하고 유인했으며, 또 수삼차 한복이를 만주로 보내어 그곳과도 길을 트면서 조직의 형체를 확장해" 간 것이다. (박경리, 〈토지〉 5부 2권, 앞의 책 99쪽) 그러나 관수는 작은 실수로 일본 경찰에 쫓기는 몸이 되고 아들 영광도 강예숙과의 연애가 그녀의 부모에 알려지게 되면서 강제 퇴학당하게 되자 그는 딸 영선을 강쇠의 아들 휘와 혼인시키고 남은 가족들과 더불어 만주로 이주한다.[19]

한편 부산은 〈토지〉에서 독립운동의 국외 거점인 만주와 국내 거점에 해당하는 지리산을 연결하는 중요한 역할을 수행한다. 그것은 상점의 주인으로 위장하며 지리산과 부산과 같은 국내 거점과 만주를 잇는 독립운동가인 송관수가 있었기 때문이기도 하지

---

19) 송관수는 평민인 자신에 대한 신분차별에 대해서는 담담할 수 있었으나 백정인 아내와 그 부모가 겪는 수모에 분개하였으며, 백정의 아들이라는 신분 때문에 학업을 중도에 그만두고 일인들에게 무참히 짓밟힌 후 악단을 따라 유랑생활을 하는 아들 영광으로 인해서 가슴에 못 박히는 듯한 고통을 받고 철전지한을 품는다. 〈토지〉에서 '부산'은 영광이 '백정의 후손'이라는 신분을 숨기기에 불충분한 곳으로 그려지며 일본이란 공간 역시 영광의 억울함과 한을 풀어주지 못한다. 따라서 영광은 어디에도 정착하거나 마음을 붙이지 못하고 끝없이 방랑하는 생활을 선택하게 된다.

만, 부산이 육로가 끝나는 지점임과 동시에 해로가 시작되는 분기점이라는 지리학적 특성을 지닌 데에서 기인한 것이기도 하다. 독립운동의 전초기지를 잇는 이 의미심장한 연결망의 중심에는 최치수를 살해한 살인자 김평산의 둘째 아들 한복이 있다.

　살인자 김평산의 맏아들 거복이가 김두수로 이름을 바꾼 채 만주에서 독립군을 잡아들이는 밀정으로 전락한 반면, 한복은 고향 평사리를 끝까지 떠나지 않으며 부친과 형의 죄업을 씻고 자신과 집안의 존엄성을 회복하기 위해 독립자금을 만주에서 활동하는 투사들에게 전달하는 역할을 수행한다. 그는 철도보다 주로 배를 이용하여 만주를 다녀오기 때문에 자연히 부산에 들러 일정 기간 머물곤 한다. 작품에는 구체적으로 그려지고 있진 않지만, 한복은 이곳에서 송관수와 접촉하여 만주의 독립운동에 관한 내용을 보고하기도 하고 새로운 지시를 받기도 하였을 것으로 추정된다. 왜냐하면 한복에게 독립자금을 전달하는 일을 제안한 장본인이 송관수이기 때문이다.

　정석은 정한조의 아들로서 일찍이 조준구가 강탈했던 재산을 서희가 재탈환하는 데 기여한 인물이다. 물지게를 지며 생활고에 시달리던 그는 기생 기화의 후원에 힘입어 학교를 다닐 수 있게 되고 마침내 진주의 교사로 발령받는다. 이 과정에서 송관수와 연결된 그는 독립운동에도 일정하게 가담한다. 그러나 기화에 대한 질투로 눈이 먼 아내 양을례의 밀고로 더 이상 진주에서의 활동이 어려워지자 정석은 부산에 잠입하여 지식인들을 중심으로 항일전선을 구축한다. 조직원 중 한 사람의 배신으로 말미암아 정석은 결국 부산을 떠나 만주로 망명하게 되지만, 부산은 국내에서 그가 일제를 상대로 마지막까지 저항운동을 전개하였던 공간으로서의 의미를 지니게 된다.

4. 맺는 말

〈토지〉에서 부산은 하동, 진주, 지리산, 만주 등에 비해 자주 등장하지 않은 표면상으로 차지하는 비중도 그리 크지 않다. 그러나 이 작품이 등장하는 무수한 지식인, 독립운동가, 신여성, 노동자들이 일본이나 만주를 바닷길을 통해 오고갈 때 대부분 부산을 거쳐 갔을 것을 감안한다면 부산이 이 작품에서 차지하고 있는 공간적 의미는 결코 적지 않다.

부산은 이 작품에서 우선 '침략과 억압 및 수탈의 전초기지'로서의 의미를 지닌다. 일제가 조선의 국권을 침탈하고 물자를 수탈하기 위해 가장 먼저 침입하고 자주 드나든 곳이 부산이었을 것이기 때문이다. 일찍이 일제는 부산에 조차지를 설정함과 동시에 헌병대를 주둔시키고 우편제도와 사법제도를 도입하여 조선 전체를 효율적으로 지배하고 식민지 자본주의 체제를 구축하기 위한 발판을 마련하였다.

〈토지〉의 초반부에 조준구가 부산에 주둔하는 헌병대의 위세를 등에 업고 최참판댁의 재산을 강탈하고 평사리 주민들을 억압하는 모습은 이와 같은 부산의 공간적 의미와 상통하는 것이며, 이후 노동자들이 부산에서 가난한 차별과 인권 유린으로 인해 고통당하고 사회주의 운동을 하다가 부산에 있는 형무소에 수감되는 모습이나 정석의 딸 남희가 일본군 장교에게 강간당하는 모습이 그려짐으로써 부산이 지니는 '침략과 억압 및 수탈의 전초기지'로서의 성격은 작품이 후반부에 이를수록 더욱 직접적이면서도 강렬하게 부각된다.

동시에 부산은 이 작품에서 '저항과 투쟁의 공간'으로서의 또 다른 공간적 의미를 지닌다. 부산에서의 일제의 억압과 수탈이 극심해지는 만큼 그 반작용으로 지식인과 부두 노동자들을 중심으로 저항적인 지하 조직이 결성되어 간다. 송관수, 강쇠, 정석 등은 부산을 무대로 은밀하게 조직을 강화해 나가며 지리산과 만주, 부산을 잇는 항일 전선이 송관수와 한복을 통해 이루어진다. 이곳에서 활동하던 강쇠는 지리산으로 돌아가고 송관수와 정석은 만주로 탈주하는 상황으로 미루어 볼 때, 부산은 독립운동가와 사회주의자들이 지리산으로 들어가 숨거나 국외로 활동 무대를 옮기기 전까지 일제에 저항할 수 있는 최후의 거점 도시로서의 의미를 지닌다 하겠다.

이처럼 〈토지〉에서 부산은 '일제의 침략과 억입 및 수탈의 전진기지'로서의 성격과 '저항과 투쟁의 공간'으로서의 성격을 아울러 지닌 것으로 그려지고 있다. 부산을 통해 드러나는 일제의 부정적 성격은 〈토지〉 1부에서 조준구를 통해서 상징적으로 제시되거나 원경으로서 흐릿하게 제시되다가 후반부로 갈수록 보다 구체적인 사건을 통해서 명료하게 제시된다. 특히 〈토지〉 5부에서 제시되는 '일본군 장교의 남희 강간 사건'은 일제의 폭압과 만행을 가장 구체적이면서도 충격적으로 전달하고 있는 사건이라 하겠다.

동학당의 지도자 격인 김환의 심복인 강쇠는 부산에서 뜻하지 않게 일인과 일본이 경찰에게 봉변당하는 인물이기도 하지만, 부산을 배경으로 노동운동을 활발하게 전개하는 인물이다. 곧 강쇠는 부산이 일제의 폭압과 수탈 및 민족적 차별이 자행되는 공간일 뿐만 아니라, 이에 굴하지 않고 민족적 저항과 투쟁이 강고하게 전개되던 공간임을 대변하는 인물이라 하겠다. 또한 송관수는 진주에서 형평사운동을 전개하다가 부산으로 이주하여 저항운동을 이어간다. 정석 역시 진주에서 아내 양을례의 밀고에 의해 쫓기는 몸이 되자 부산에 잠입하여 송관수를 돕는다. 이들은 모두 부산이 아닌 타 지역에서 활동하다가 부산에 일정 기간 머물며 한시적으로 저항 활동을 한다. 따라서 부산이 지닌 '저항과 투쟁'의 공간으로서의 성격은 만주나 지리산에 비해 다대한 제한적이다.

하지만 나약한 지식인들과 친일적 인물들이 주로 등장하는 경성에 비하면 부산은 상대적으로 강한 '저항과 투쟁'의 성격을 지닌다. 또한 평사리 및 진주나 통영에 비하면 훨씬 세속적임과 동시에 수탈과 민족적 차별이 조직적으로 자행되는 공간으로 부산은 〈토지〉에서 그려지고 있다. 이처럼 부산은 〈토지〉에서 일제의 만행이 자행되는 공간임과 동시에 조선의 민중과 지식인들이 이에 맞서 강고한 투쟁을 전개하던 공간으로 그려지고 있다. 하지만 후자에 비해 전자의 성격이 훨씬 강한 것은 사실이다.

이 작품에서 '저항과 투쟁'의 공간으로서의 성격은 지리산이나 만주와 같은 공간들이 훨씬 강하게 지니고 있다. 비록 강도는 약하지만 부산은 철도가 시작되거나 끝나는 지점이자 해로가 시작되는 지점으로서 국내는 물론, 동아시아 전역을 이어주는 연락의 소통의 중심지 역할을 〈토지〉에서도 담당하고 있다. 특히 살인자의 아들, 고아, 걸인, 밀정의 동생 등으로 치욕스러운 삶을 살아오던 한복이 부산을 연락 거점으로 삼으며 항일 세력들을 이어주는 역할을 담당해 나가는 모습은 주목을 요한다. 이와 같은 한복의 변신은 견디기 힘든 엄청난 고난과 시련에 굴하지 않고 민족 공동체의 생존과 번영을 위해 긍정적 가치를 추구하며 끈질기게 삶을 이어온 한민족의 저력과 '한의 정신'을 그리고자 했던 작가의 정신을 그대로 반영하는 것이기 때문이다.

---

* 이 글은 「박경리의 〈토지〉와 부산」이란 제목으로 2012년 4월 『현대소설연구』 49호에 실린 글을 수정·보완한 것이다.

참고문헌

1. 자료
박경리, 〈토지〉 1~20권, 마로니에북스, 2012.

2. 논문 및 단행본
김윤식, 『염상섭 연구』, 서울대출판부, 1987.
박상민, 「작품 구조와 인물을 통해 본 일본론」, 『한국 근대문화와 박경리의 〈토지〉』, 소명출판사, 2008.
이상진, 「〈토지〉에 나타난 동아시아 도시, 식민주의와 물질성 비판」, 『현대문학연구』 37집, 2009.
─────, 「가족 문제와 모성성, 그리고 생명」, 『한국근대문화와 박경리의 〈토지〉』, 소명출판, 2008.
─────, 「〈토지〉 속의 만주, 삭제된 역사에 대한 징후적 독법」, 『현대소설연구』 24집, 2004. 12.
─────, 「일제하 진주지역의 역사와 박경리의 〈토지〉」, 『현대문학의 연구』 27집, 2005. 12.
이승윤, 「식민지 경성의 문화와 근대성의 경험」, 『한국근대문화와 박경리의 〈토지〉』, 소명출판, 2008.
임성원, 『미학, 부산을 거닐다』, 산지니, 2008.
조갑상, 『소설로 읽는 부산』, 경성대학교출판부, 1998.
천이두, 『한의 구조 연구』, 문학과지성사, 1993.
최유찬, 『세계의 서사문학과 〈토지〉』, 서정시학, 2008.
─────, 「〈토지〉의 미시문화사적 연구방법론」, 『배달말』 제35호, 2004.

〈토지〉에 나타난 식민지 경성의 문화와 근대성의 경험

이승윤

1. 〈토지〉 연구의 궤적과 공간연구
2. 서술 방식의 특성과 경성의 역할
3. 경성에서의 도시 경험과 식민지적 근대성
4. 민족자본 형성의 기대와 절망
5. 확장과 응축 – 경성 공간의 이중성

1. 〈토지〉 연구의 궤적과 공간연구

박경리의 〈토지〉에 대한 논의와 평가는 작품 창작 당시부터 현재에 이르기까지 매우 다양한 형태로 이루어지고 있다. 작품에 대한 평가의 진폭이 넓게 분포되어 있는 이유는 일차적으로 25년이라는 오랜 창작 기간과 그에 걸맞은 작품의 크기와 관련되어 있다.[1]

작품 창작 초기와 1970년대와 80년대의 〈토지〉에 대한 평가는 역사소설로서의 성패에 대한 논의가 주를 이루었다. 작가의 '투철한 역사의식'[2]과 '역사적인 필연성'[3]을 들어 작품이 지닌 역사소설로서의 의미를 부여하거나, '춘원의 〈무정〉 이후 가장 탁월한 작품 중 하나'[4]로 평가하기도 하였다. 하지만 당시 문단의 큰 흐름이었던 리얼리즘의 시각을 중심축으로 삼아 '운명론적 세계관, 역사적 허무주의' 등을 들어 역사소설로서 〈토지〉가 갖고 있는 한계와 문제점 등을 지적하는 글도 상당수 발표되었다.[5] 한편 기존

---

1) 〈토지〉는 1969년 9월 『현대문학』에 연재를 시작한 이래 『문화일보』 1994년 8월 30일자로 최종 완결되었다. 작품의 크기는 전 20권(마로니에북스)에 5부 25편 361장으로 구성되어 있으며, 원고지로 대략 31,200장 분량이다. 이 글에서는 2012년에 발간된 마로니에북스 판본을 기본 텍스트로 삼는다.
2) 이태동, 이만열 外, 「소설 〈토지〉를 말한다」, 『월간조선』, 1980, 7월호. 이태동, 「〈토지〉와 역사적 상상력」, 『부조리와 인간의식』, 문예출판사, 1981. _____, 「환상과 현실사이: 박경리론」, 『한국현대소설의 위상』, 문예출판사, 1985.
3) 임헌영, 「다양한 시대의 드라마」, 『한국문학』 44호, 1977, 6월호./_____, 「〈토지〉의 작품세계와 그 사상」, 『월간경향』 270호, 1987, 8월호.
4) 김병익, 「〈토지〉의 세계와 갈등의 진상」, 『한국문학』 44호, 1977, 6월호. _____, 「식민지 시대의 사회 변화와 인간 : 박경리의 〈토지〉 제3부」, 『들린 시대의 문학』, 문학과지성사, 1985./_____, 「한(恨)의 민족사와 갈등의 사회사」, 〈토지〉, 삼성출판사, 1988.
5) 송재영, 「소설의 넓이와 깊이」, 『문학과 지성』 15호, 1974, 봄. 송재영, 「민족사와 드라마의 형식」, 『정경문화』 220호, 1983, 6월호. 서정미, 「〈토지〉의 恨과 삶」, 『창작과 비평』 56, 1980, 여름. 김철, 「운명과 의지 : 〈토지〉

의 역사소설과는 다른 〈토지〉의 특성에 주목하여 가족사소설[6], 총괄체소설[7], 농민소설[8] 등의 의미를 부여한 연구들은 작품에 대한 새로운 시각을 제공하였다. 역사학자와 사회학자들에 의해 생산된 〈토지〉에 대한 연구 성과[9]들은 역사와 역사소설에 대한 성격 규명, 사실과 허구의 결합, 사가(史家)와 소설가의 차이, 작품 속에 등장한 근대사상의 사회사적 의미 등에 대한 의미 있는 해석들을 보여주었다.

1994년 작품 완간 이후 〈토지〉에 대한 연구는 본궤도에 오르게 된다. 비로소 작품 전체를 텍스트로 삼을 수 있게 된 것이다. 기존의 연구들은 완결된 텍스트로서 〈토지〉를 대하지 못한 불가피한 한계를 가지고 출발할 수밖에 없었다. 총체성 파지를 목적으로 하는 장편 소설의 경우, 전체가 아닌 부분만을 가지고 작품을 평가하는 것은 처음부터 또 다른 오류를 낳을 위험성을 안고 있다. 따라서 작품이 완결된 시점에서는 불가피하게 수정되거나 보완되어야 할 사항이 발생하기도 하였다.

문학은 그 시대나 역사적 상황에서 벗어날 수 없고, 훌륭한 작품의 경우 적극적이고 개성적인 방식으로 그 시대와 삶에 대응한 결과이다. 그러나 역사적인 사실이나 의식이 곧바로 작품에 투입되는 것은 아니다. 문학의 경우 현실이나 역사적 상황도 '창조적

의 역사의식」, 『문학의 시대』 3, 1986.
6) 이재선, 「숨은 역사·인간 사슬·욕망의 서사시」, 『문학과 비평』 9, 1989, 봄.
7) 염무웅, 「역사라는 운명극」, 『민중시대의 문학』, 창작과 비평사, 1979.
8) 정호웅, 「〈토지〉론 : 지리산의 사상」, 『동서문학』, 1989, 11월호.
_____, 「해방 후 역사소설의 성과」, 『소설과 사상』, 1993, 여름호. /_____, 「〈토지〉의 주제 : 한(恨)·생명(生命)·대자대비(大慈大悲)」, 『토지 비평집』 2, 솔, 1995.
9) 강만길, 「문학과 역사」, 『세계의 문학』 18호, 1980, 겨울호. 박명규, 「〈토지〉와 한국 근대사 : 사회사적 이해」, 『토지 비평집』 2, 솔, 1995.

이고 예외적인 작가의 상상적 창조력'에 의해서 변용을 거치게 된다. 특히 역사를 소재로 한 작품의 경우 이것은 매우 민감한 사안에 속한다. 따라서 문학작품을 현실의 직접적인 반영으로 보거나, 역사와 문학을 일대일로 대응시켜 등장인물의 성격, 구성, 역사의식, 전망 등이 마땅히 이러해야 한다는 당위론적 잣대대기는 문학 연구에서 경계해야 할 태도이다. 〈토지〉에 관한 한 서구 이론의 일방적 대입으로 〈토지〉를 해석하려는 여러 시도 중에는 작품의 전체적 의미를 종합적으로 고려하면서 접근하기 보다는 편향된 시각을 보이고 있음을 발견할 수 있었다.

본고는 기존 연구들의 성과들을 수렴하고 또한 비판적으로 검토 분석하여, 〈토지〉속에 나타난 '경성 공간'에 대한 연구를 진행하려 한다. 〈토지〉속 공간에 관련된 연구는 작품이 연재될 당시와 완결 후에 여러 편의 논문으로 제출되었다. 하지만 대부분의 연구가 최 참판 댁을 중심으로 한 평사리와 서부 경남, 지리산, 그리고 간도를 그 대상으로 다루고 있다.

김치수는 〈토지〉의 주인공은 여러 인물들이 아니라 하나의 생명체라고 할 수 있는 '평사리'라는 공간이며, 따라서 〈토지〉는 몇몇 주인공의 삶을 규명해 나가는 것이 아니라 '일정한 상황 변화 속에서 사람들이 이룩하고 있는 집단의 공간적 탐구로 일관'하고 있다고 말한다.[10] 염무웅 또한, 〈토지〉가 많은 등장인물들과 사건들이 등장하고는 있지만 어느 단일한 주인공을 중심으로 전개되지 않는다고 지적하면서 '19세기 말 20세기 초의 한 작은 농촌 평사리야말로 어느 개인보다도 더 뚜렷한 작품의 주인공'이라고 파악

---

10) 김치수, 「토지의 세계」, 『박경리와 이청준』, 민음사, 1982. 김치수는 같은 책의 「소설 속의 간도 체험」이란 논문에서 작품 속 간도라는 공간이 갖는 특수성에 대한 주의 깊은 관찰을 시도하고 있다.

하고 있다.11) 한편 최옥경은 〈토지〉의 4부까지를 대상으로 작품 속 공간을 현실의 질서에 의해 운용되는 곳(평사리, 진주, 경성 등)과 기존 세계와는 다른 역동성을 지닌 반체제의 지역(지리산, 용정, 간도, 연해주)으로 구분하여, 두 지역의 작품 속에서의 의미와 역할에 대해 분석하고 있다.12)

최유찬의 「〈토지〉의 구조」는 동양철학을 대입한 독창적인 분석 방법론을 적용하고 있다. 그는 〈토지〉의 시공간 구조를 음양오행(陰陽五行)과 최제우의 우주론을 근거로 풀이하여 세계의 이치를 파악하는 동양철학의 원리가 〈토지〉에도 적용될 수 있음을 보여주었다.13) 조윤아의 「박경리 〈토지〉의 공간 연구」는 완결된 작품 전체를 대상으로 공간적 패턴의 특징과 각 공간과 등장인물의 관계를 규명하고 있다. 이 논문에서 주목할 것은 방법적 도구로써 지도를 활용하여 작품 속 인물의 이동과 서사의 흐름을 구체적으로 제시하고 있다는 것이다.14) 또한 하동 평사리와 지리산 외에도 2부의 주된 공간이 되는 '만주'의 공간적 의미를 살피는 연구도 제출되었다.15)

이상의 연구들을 통해서도 확인할 수 있는 것처럼 〈토지〉 속 공간에 대한 연구는 많은 진전이 있었음에도 불구하고 작품의 주요 공간인 '경성'에 대한 연구는 거의 이루어지지 않았다. 〈토지〉 속의 '경성'은 작품 속 모든 시국담의 근원지이며, 당시 개화 지식인들의 활동무대이기도 하였다. '경성'은 최치수를 불구로 만든

---

11) 염무웅, 위의 책.
12) 최옥경, 「〈토지〉의 공간적 배경과 인물에 대한 연구」, 연세대 교육대학원, 1989.
13) 최유찬, 「〈토지〉의 구조」, 『〈토지〉를 읽는다』, 솔출판사, 1996.
14) 조윤아, 「박경리 〈토지〉의 공간 연구」, 『현대문학의 연구』 21, 2003.
15) 이상진, 「〈토지〉 속의 만주, 삭제된 역사에 대한 징후적 독법」, 『현대소설연구』 24, 2004.

공간이자 최참판가의 몰락을 가져온 '서울 양반' 조준구의 배경이 되는 공간이기도 하다. 이 두 가지 사건은 〈토지〉 전체 서사의 전제가 된다. 많은 사건이 평사리를 배경으로 진행되지만 그것의 발단은 당시의 경성에서 비롯되고 있는 것이다.

소설 속의 공간은 작품의 단순한 배경으로써만 기능하는 것이 아니다. 소설의 공간은 작가나 등장인물의 내적 세계를 반영하며, 인간이 세계에 대해 가지는 전망으로서의 개념도 함께 지닌다.16) 이 논문에서는 〈토지〉에 드러난 서술방식의 특성과 경성의 역할, 여러 인물들이 경험하는 경성에서의 도시 경험과 식민지 규율, 민족 자본의 형성과 그 결과 등을 작품의 서사와 관련지어 살펴보려 한다. 소설의 공간 설정은 단순히 장소(space)만의 개념이 아니다. 소설의 구조 안에서 공간은 인물의 행위나 제반 환경까지를 포괄하며 규정한다. 때문에 작가가 공간을 설정한다는 것은 소설의 전모를 구성하는 것과 같은 중요한 의미를 갖는다. 작품 속 '경성'이란 공간의 위치와 그 의미를 살펴보는 일은, 일제 식민지 하에서 전개된 주류 담론에 대한 작가의 인식과 지향을 규명하는 작업이기도 하다.

---

16) Ricardo Gullon, "On space in the Novel", *Critical Inquiry* Autumn, 1975. vol. 2, No. 1, p.15.

2. 서술 방식의 특성과 경성[17]의 역할

〈토지〉에 대한 비판적인 시각 중의 하나는 역사가 후경화되어 있고 평사리라는 공간이 당시의 시대 상황과 긴밀히 연결되어 있지 못하다는 것이다. 하지만 '경성'을 근거지로 한 지식인, 사업가, 친일 귀족들의 면모와 그들을 통해 이루어지는 토론은 당대의 시대적 분위기를 생생하게 전달한다. 나아가 경성을 중심으로 전개되는 식민지하 자본의 형성, 근대식 제도와 문물의 차용, 전통과의 교섭 등 실로 다양한 풍경들이 '경성'을 통해 제시되고 있다.

'경성'은 〈토지〉의 1부에서 5부까지 지속적으로 서사에 개입한다. 〈토지〉 전체를 놓고 볼 때 이야기의 발단과 대단원은 평사리에서 이루어지지만, 여러 사건의 발생과 인물들의 등장과 퇴장은 경성과 관련을 맺고 있다. 이 작품의 주된 공간이 평사리를 중심으로 한 것은 분명한 사실이지만 구한말에서 해방까지의 근대사를 평사리라는 하나의 공간이 모두 감당할 수는 없는 노릇이다. 무엇보다 '경성' 공간과 '경성발 이야기'들은 역사적 현장으로부터 떨어져 있는 '평사리'와 '평사리 사람들'을 당대의 역사와 매개하는 기재로써 작동한다.

---

[17] 일제는 1910년 한일 합방이후 '한성부'라 불리던 수도 서울의 명칭을 '경성부'로 바꾸고 경기도에 소속시켜 그 위상을 낮추었다. 경성은 행정구역 개편을 통해 공간적 규모 또한 대폭 축소된다. '서울'에서 '경성'으로의 전환은 한 국가의 수도로부터 식민 통치 중심 도시로의 전환을 의미한다. 임덕순, 『600년 수도 서울』, 지식산업사, 1994. 104~114쪽. 〈토지〉 속에서 서울 혹은 경성에 대한 호명은 혼재되어 나타난다. 주로 지식인들의 대화 속에서는 '경성'으로 불리지만, 그 외의 경우는 '서울'로 호칭된다. 하지만 이러한 원칙이 일관되게 적용되고 있는 것은 아니다. 작가 또한 두개의 호칭을 엄밀히 구분하고 있지 않다. 이 글에서도 작품 속의 문맥을 따라 두 용어를 모두 사용하도록 한다.

〈토지〉의 1부에서 경성은 역사적 소용돌이의 현장으로 언급되며, 경성에 대한 서술의 비중 역시 상당한 무게를 가지고 진행된다. 여기서 경성은 현장의 실감이 아니라 떠도는 소문, 전언(傳言)과 전문(傳聞), 혹은 후일담(後日譚)의 형식으로 서사에 참여한다. 경성의 변화는 곧 시국의 변화이다. 이러한 형식은 비단 '경성' 이야기에만 국한되는 것이 아니라 작품 전체 서술의 일반적 특징이라 할 수 있다. 즉, 〈토지〉에는 어느 하나의 장면이나 사건을 직접 묘사하기보다는 어느 정도 시간이 경과한 후 마을의 소문과 사람들의 전언, 작가 설명이 그 부분을 대신하고 있다.

> 임이네 죽기를 바랐다는 생각만은 아무래도 인정할 수 없는 것이다. 그러나 마음 깊은 곳에는 강청댁 죽음을 연상하며 다른 또 하나의 죽음을 바랐던 것은 아니었다. 하더라도 그럴 경우를 생각하지 않았다고는 절대로 말할 수 없다. **지난 설 무렵 가슴 한가운데에 못을 박아놓고야 만 소문을 들은 후부터는……**[18]
>
> **영산댁이 하는 말에 의할 것 같으면** 서울서 조준구가 심복 하인배들을 데리고 온 다음부터 삼수의 콧김은 숙어졌다는 것이다. 쓸 만큼 써먹었고 자기 공이 대단한 것처럼 자칫 버릇없이 구는 삼수를 못마땅하게 생각하는 데다 삼월이 누구 씨인지도 모를 아이를 낳은 후부터는 더욱 삼수를 삼월이에게 밀어붙이며 달가워하지 않는다는 것이다.[19]
>
> **동네 소문이 쫙하게 깔린 당혜의 경위를 말할 것 같으면,** 그것은 임이네가 생각 끝에 꾸며낸 연극 같은 것이었다. 아니 저항이요 자위

---

18) 박경리, 〈토지〉 4권, 마로니에북스, 2012, 105쪽.
19) 위의 책, 120쪽.

수단이었는지도 모른다. 당혜는 명주 한 필이 둔갑한 것이다. 염치를 무릅쓰고 동냥하다시피 뽕을 얻어다 누에를 쳤고 짬짬이 짜서 농 밑에 넣어둔 명주 두 필은 과년해가는 임이 혼수였다.[20]

〈토지〉의 이런 서술상의 특징들을 주석적 서술 상황(Die auktoriale Erzähl situation)이라 이름 붙일 수 있다. 주석적 서술 상황이란 이야기의 내용을 설명해 주는 화자가 소설의 허구적 세계와 독자 사이의 경계 선상에 한 자리를 차지하고 있으면서 보고적 서술 상황을 취하는 서술 방식을 말한다.[21] 또한 화자가 개입하여 이야기하는 주석적 서술은, 해학적·반어적으로 세계를 관찰하는 데에 분명한 친밀성을 보여준다고 할 수 있다.[22]

특히 〈토지〉 1부에서 경성과 관련된 서술은 대부분 '주석적 서술 상황', 다시 말해 소문과 전언 등으로 이루어져 있다. 일면 고립된 공간인 평사리와 그곳의 사람들은 서울을 왕래하는 조준구와 윤보, 두만이 그리고 보부상, 나그네 등 익명으로 등장하는 인물들의 전언을 통해 당시의 역사적 사건과 시국에 관련된 정보들을 받아들인다.

---

20) 위의 책, 126쪽.
21) F. K. Stanzel, 『소설형식의 기본 유형』, 안삼환 옮김, 탐구당, 1990, 24~48쪽 참조.
22) 다음의 장면은 주석적 서술방식을 통해 개화문명의 상징인 서울이라는 공간에 대한 대다수 사람들의 인식을 보여준다. '옷이 망했네. 까매귀가 보믄 아재비라 안 카겄나. 제비가 보믄 할아배야 하겄다. 킬킬 웃는다. 검정빛 양복에 모자, 구두를 신은 '서울의 신식 양반 조준구는 상체에 비하여 아랫도리가 짧은데다 두상은 큰 편이었으므로 하인들 눈에도 병신스럽게 보였을 것이며, 하인들은 그것을 양복 탓이라 생각하는 모양이다.' 조준구에 대한 평사리 주민들이 받은 인상은 당시 조선의 일반 백성들이 가지고 있었던 신문물에 대한 가치관을 상징적으로 보여준다.

올해 들어 서울서는 정부 전복을 모의하다가 발각된 사건이 두 번인가 있었다. …… 용이는 그 소문을 어떤 나그네한테서 들었던 것이다.23)

"그거는 그렇고, 듣자니까 서울서는 만민공동회라든가 관민공동회라든가? 뭐 그런 것이 생겼다 하는데 대체 그것은 무엇이오? 말로는 고관대작에서부터 아녀자 백정까지 한자리에 모여서 시국을 논했다 하는데 그게 사실이오?"24)

듣자니 서울 제물포 간의 철도만 하더라도 그 권리를 얻기 위하여 미국인이 임금 관계 대신에게 막대한 금액을 헌납했다는구려. 나라에서 그네들에게 철도를 부설하는 땅을 빌려주었으면 정당한 임대료와 권리금을 떳떳하게 받아야 하거늘 상호간의 약정서의 내용이라는 게 실로 해괴하다 하오.25)

소문에 의하면 서울서는 임금이 등극한 지 사십 년 망육순(望六旬)을 겸한 칭경례식(稱慶禮式)도 호열자의 창궐로 연기되었다 한다. **그것은 사실이었지만 그 밖의 황당무계한 낭설이 분분하였다.** …… 신령의 도움을 얻어서 모두 신병(神兵)으로 둔갑하여 왜놈과 양놈들을 무찔러 이 땅에서 쓸어낼 날도 그리 멀지는 않았으리라는 말이 무지몽매한 **사람들 간에 떠돌았다.**26)

1907년에 들어서서 해아밀사사건(海牙密使事件)으로 허수아비에 지나지 않던 고종이 그나마 퇴위하는 비극과 훈련원에서의 조선 군대의 해산은 빈사의 목숨에 마지막 칼질이었다. 그로 인하여 참령 박승환(朴勝煥)은 자결, 이것이 도화선이 되어 무기고를 부수고 대한제

---

23) 박경리, 〈토지〉 1권, 앞의 책, 123쪽.
24) 박경리, 〈토지〉 2권, 앞의 책, 299쪽.
25) 박경리, 〈토지〉 3권, 앞의 책, 60쪽.
26) 위의 책, 245쪽.

국의 마지막 군인들은 남대문에서 일군과 처참한 교전을 벌였다. **이 싸움에 서울로 일 갔었던 윤보가 뛰어들었던 것이다. 그 뒷이야기는 연장망태도 버리고 거지꼴로 마을에 돌아온 것으로 설명된다.**27)

친일파와 친러파의 대립, 만민공동회, 독립협회, 황국협회 등의 활동과 내부갈등, 서구 열강의 철도 부설권을 둘러싼 다툼, 헤이그 밀사사건, 군대 해산 등 당대의 굵직굵직한 역사적 사건들이 전언과 후일담의 형식으로 제시된다.28) 여기에 허구적 인물인 조준구와 윤보 등이 개입하고 마을 사람들은 그를 통해 당시의 정황을 가늠하게 되는 것이다.

역사적 사실과 허구의 이러한 접합은 다른 역사소설과 〈토지〉가 변별되는 지점이기도 하다. 대개의 역사소설들은 구체적인 역사적 사건과 인물 중심으로 이야기가 전개된다. 그러나 〈토지〉는 구한말에서 해방까지 우리의 근대사를 관통하고 있지만 그 중 어떤 하나의 사건이나 인물이 작품의 중심에 놓여 있다고 말할 수 없다. 역사소설로서 〈토지〉의 서술 의도는 기록된 역사를 선택하여 재구성하는데 있는 것이 아니라 역사가 어떻게 체험되고 인식되는가를 탐색하는데 있다.29) 이러한 특징은 〈토지〉가 역사를 후경화하고 있다는 비판을 받는 대목이기도 하다.

---

27) 박경리, 〈토지〉 4권, 앞의 책, 338쪽.
28) 실존하는 역사적 사건과 현장, 인물을 중심에 놓지 않는 경우 역사소설로서 함량미달이거나 작가의식의 부재로 재단해버리는 식의 논의에는 동의하기 어렵다. 〈토지〉에 대한 초기 연구들의 상당수가 이러한 관점에서 접근하고 있다. '실패한 역사소설'이 아니라 이전과 다른 내용과 형식의 역사소설로서 〈토지〉가 가지는 미적 특징을 밝히는 것, 그리고 난 연후에 작품의 함량을 논하는 것이 순서일 것이다.
29) 이상진, 「〈토지〉 속의 만주, 삭제된 역사에 대한 징후적 독법」, 『현대소설연구』 24, 2004. 12. 252쪽.

그러나 대다수의 사회구성원들이 역사적 사건의 현장에서 떨어져 있으면서도 다양한 방식으로 그것에 대응하는 모습은 오히려 현실의 리얼리티를 담아내고 있는 것이라고 할 수 있다. 공간적으로는 거리를 두고 있으나 동시대에 살아가고 있는 수많은 사회구성원들은 그 사회에서 벌어지는 다양한 사건에 대해 소문, 전문, 전언, 후일담을 통해 그 사건을 간접적으로 경험한다. 그렇다고 해서 이들이 그 사건의 경험자가 아닌 것은 아니다. 동시대인으로서 그들은 전언만으로도 사건을 통해 희로애락을 느끼고 때로는 행동의 변화를 보이기도 하는 것이다. 이때 '경성'은 허구와 역사적 사실을 접합하는 공간으로써 기능한다. 〈토지〉 1부에서 평사리 마을 사람들이 접하는 경성과 관련된 소문과 전언은 대부분 조선의 운명과 관련된 것들이며 이것은 곧바로 평사리 사람들에게도 곧 직접적으로 영향을 미칠 것들이다. 따라서 이들은 그 소문과 전언에 민감하게 반응하지 않을 수 없으며, 그 내용이 행동의 결정에 전제가 되기도 한다.

경성발(京城發) 이야기들은 역사의 소용돌이에서 비껴 있는 대다수 사람들에게 당대의 정치적·사회적 상황을 가늠할 수 있는 정보가 된다. 전언과 후일담 형식으로 전달된 이야기들은 단지 소문으로 그치는 것이 아니라 그들을 역사와 매개시키는 것이다. 이제 경성은 평사리 사람들의 삶에 영향을 미치고 그들을 역사의 한복판으로 밀어 넣으며 그들 삶의 방향을 결정짓는 바로미터가 된다.

3. 경성에서의 도시 경험과 식민지적 근대성

1910년 이후 경성은 대내외적으로 식민지 통치의 상징이었다. 경성은 일제에 의해 급속하게 변모되어 갔다. 많은 일본인들이 남촌 지역을 중심으로 거주 지역을 확장해 나가며,[30] 그 결과 청계천을 경계로 도시 공간이 이중적으로 형성되기에 이른다. 일본인 거주지의 남촌은 북촌에 거주하는 조선인들에게 식민지 현실을 절감하게 했으며, 남촌의 일본인들이 보여주는 근대 문물에 대한 호기심과 경이로움은 북촌의 조선인들에게 신문물에 대한 경외감과 열등감을 갖게 하였다. 식민지 조선인으로서 일본에 대한 저항감과 열등감이라는 이율배반적인 정서가 팽배했던 곳이 바로 경성이었다. 경성 이전의 서울은 정치·경제·사회·문화의 중심지였고, 따라서 일제는 식민지 정책을 실시하면서 우선적으로 경성 지배에 총력을 집중하였다. 일제하 경성은 '식민지 조선의 축도'였던 것이다.

> 동대문 시장을 끼고 있는 4정목에서 5정목에 이르는 길가 점포는 땅에 엎드린 듯 낮은데다가 구건물이 뒤섞이어 초라하고 을씨년스러웠다. 게다가 진열된 상품도 별로 없어 휑뎅그렁했다. 유리창 안에 시꺼멓게 칠을 한 관(棺)과 백골의 관이 포개어진 광경이 명희 눈에 띄었다. 삼베 피륙이며 향로 촛대 따위도 눈에 들어왔다. 장의(葬儀)에 소용되는 물품을 파는 장의사 같은 점포였다. 명희는 그 앞을 서둘러 지나쳤다.[31]

---

[30] 1920~30년대의 경우 일본인 거주자의 51%정도가 도시 지역에 거주하였으며, 그 중 40% 정도가 경성에 집중되어 있었다. 손정목, 『일제강점기 도시화 과정 연구』, 일지사, 1996. 140~143쪽. 일본인 인구가 늘어남에 따라 거류지역도 남대문, 욱정(旭町), 명치정(明治町), 남산정(南山町), 영락정(永樂町), 본정 6정목 이동 지역으로 뻗어 나갔다. 전우용, 「종로와 본정 : 식민지 경성의 두 얼굴」, 『역사와 현실』 41, 2001. 6. 175쪽.

과거 한 국가의 수도로서 그 위용을 자랑하던 '서울'의 모습은 '경성'으로 이름을 바꾸면서 식민 통치를 위한 전략도시로써의 기능을 담당하게 된다. 이제 경성의 모습은 일본 제국의 번영과 조선의 쇠락이란 두 얼굴을 함께 가지고 있다. '밤이 되면 전등불로 더욱 환해지는' 경성의 모습 한 켠에는 '종로통 동맹철시(同盟撤市)'의 안쓰러운 모습이 겹쳐져 있다. 위에서 묘사하고 있는 조선인 상가의 모습은 일본 동경의 '긴자(銀座)거리를 연상케 하는' 본정통의 모습과 대비되어 경성이라는 같은 공간 속에서 확인할 수 있는 번영과 쇠락의 모습을 극명하게 보여준다.

한편, 경성은 도로와 건물 등 "제반 근대적 시설이 가장 잘 갖추어진 곳"[32]이며 새로운 문물의 집결지이기도 했다. 작품 속에서 '경성'은 깃사댄(契茶店), 다방골, 전철, 양품점, 모던보이와 같은 '신식'의 이미지들을 제공하며, 다른 한편으로 잡지사와 신문사, 악극단 등의 활동을 통해 근대식 문물의 동향을 보여준다. 하지만 식민지 경성의 '신식' 풍에 대한 지방의 인식은 긍정적이지 않다. 그러한 인식은 곧 작가 자신의 것이기도 하다. 다음은 모던보이에 대한 묘사와 그에 대한 지방 향리의 반응이다.

> 활동사진에서 빠져나왔나 싶을 만큼 사십대의 모던 보이, 밀빛 캡을 멋지게 눌러쓰고 연갈색 체크무늬의 양복, 보타이는 갈색이었고 스틱을 짚었다. 스프링 코트는 팔에 걸린 채, 경박해 보였으나 그 나름

---

31) 박경리, 〈토지〉 18권, 앞의 책, 9쪽.
32) "우선 근대적 도시로 변모한 경성의 풍경을 그려본다면, 그 대표적인 것은 눈에 띄게 넓어진 도로와 그 위를 달리는 전차와 자동차, 길가의 건물과 상점들, 다양한 복장의 군중이라고 할 수 있을 것이다." 김영근, 「일제하 식민지적 근대성의 한 특징 : 경성에서의 도시경험을 중심으로」, 『사회와 역사』 57, 2000. 26쪽.

으로 세련은 돼 있었다 …… 향리에서는 그 차림새로 하여 조롱을 적잖게 받았다.[33]

경성은 당시 사람들이 근대적 사회변화를 집중적으로 경험하는 장소이자, 식민지적 상황을 가장 첨예하게 느끼는 공간이었던 셈이다.[34] '경성'은 인물들의 삶과 행동에 강력한 영향력을 미칠 수밖에 없는 당대의 사회·역사적 현실과 가장 밀착되어 있는 공간인 것이다.

하지만 '경성'이 가지는 더욱 중요한 의미는 전면에서 혹은 배후에서 각 부(部)별로 서사의 중요한 계기들을 제공한다는 점이다. 〈토지〉 1부에서의 '경성'은 대부분 당시 정국에 대한 갖가지 소문과 시국담의 발원지로 서사에 개입한다. 하지만 〈토지〉의 2부에서 5부까지 '경성' 공간은 구체적인 인물들의 활동 무대로 설정되어 서사에 적극 참여하게 된다. 여기에는 당시 경성에 거주하고 있는 쇠락한 지식인, 역관, 귀족, 갑부, 사업가 등 여러 인물군이 등장한다. 작가는 이들을 통해 당시의 역사적 사회적 상황들을 다층적인 시각에서 제시해 준다.

〈토지〉의 2부는 두개의 공간이 축을 이룬다. 하나는 서희가 평사리를 떠나 이주한 '간도' 지방이며, 다른 하나는 '평사리'를 찾기 위한 지렛대로써의 '경성'이다.[35] 서희의 부탁을 받은 공노인

---

[33] 박경리, 〈토지〉 13권, 앞의 책, 376쪽.
[34] 김영근, 위의 글, 12쪽.
[35] 조윤아는 〈토지〉의 2부에 등장하는 경성을 '서희가 조준구로부터 평사리의 땅을 되찾을 수 있게 되는 계략의 공간'으로 설명한다. 여기서 계략을 수행하는 인물은 공노인이다. 조윤아, 「박경리 〈토지〉의 공간 연구」, 『현대문학의 연구』 21, 2003. 2부의 대부분을 차지하는 '간도'는 서희의 재기를 위한 공간으로 설정되어 있다. 공노인의 계략 역시 서희의 토지 탈환과 귀향에 맞추어져 있다. 여기서 공노인은 '서희의 귀향'이라는 이야기의 조력

은 간도에 왔던 서의돈을 통해 알게 된 임역관과 서울에서 이름난 기생 기화(봉순이)의 도움으로 평사리의 땅을 되찾는다. 3부는 최서희 일행이 간도에서 귀국한 다음 해인 1919년 가을부터 1929년 광주 학생 운동까지 약 10년여의 세월을 다루고 있다. 주된 공간 배경은 1920년대 서울·진주·만주 등으로 점차 확대된다. 특히 일제에 의하여 추진된 자본주의화와 경제적 억압이 경성을 중심으로 포착되고, 여기에 이상현을 중심으로 3·1 운동의 후유증에 시달리는 지식인 집단의 갈등과 혼란이 엮어진다.

여기서 경성을 배경으로 등장하는 여러 개화 지식인들의 대화와 격론은 당대 가장 첨예한 역사적 현실에 대한 편향되지 않은 훌륭한 정보 제공의 역할을 담당한다. 하지만 일본 유학과 신교육의 수혜를 받은 이상현, 서의돈, 임명희 등 이들 대다수 지식인들의 모습은 역사의 동력으로써 기능하기보다는 도시 룸펜의 모습에 가깝다. 사실 작품 속에 등장하는 대부분의 지식인들은 나약하고 무기력하며 시대에 순응하거나 좌절하는 모습으로 그려진다. 이러한 모습은 당대의 억압적인 현실과 그로 인한 지식인의 한계[36]를 극명하게 보여주는 것이다.

서희뿐 아니라 길상에게도 '경성'은 자신이 지닌 신분의 질곡을 극복하게 하는 '지렛대', 혹은 완충지로서 자리한다. 서희의 귀향

자일 뿐 서사의 중심은 아니다. 그렇다면 2부에서 '경성'은 '계략'이 실행되는 '재기의 공간'으로 기능한다고 볼 수 있다.
[36] 〈토지〉의 주인공은 이들 지식인이 아니라 이 땅의 농민이라 할 수 있다. 〈토지〉는 정확하게 1945년 8월 15일 해방까지를 배경으로 한다. 작가는 〈토지〉 탈고 후 9년만인 2003년 4월 『현대문학』에 『나비야 청산가자』를 발표한다. 작가 스스로 〈토지〉의 후속이라 밝히고 있는 이 작품은 〈토지〉가 끝나는 시점, 즉 해방 이후를 시대적 배경으로 지식인에 초점이 맞추어져 있다. 하지만 이 작품은 작가의 건강상의 이유로 3회 연재를 끝으로 미완(원고지 약 440장 분량)에 그치고 만다.

에 길상은 동행하지 않는다. 길상은 간도에 남아 독립운동을 도우며 신분적 이질감을 극복하려 노력한다. 이후 계명회 사건에 연루되어 서울 서대문 구치소에 수감된다. 그로부터 2년 후 비로소 서희가 있는 진주로 돌아온다. 간도에서의 독립운동 생활과 그로 인한 2년간 서울에서의 수감 생활은 최참판댁 종 김길상도, 씨내리로서의 최길상도 아닌 자신의 존재를 증명하는 알리바이가 된다. 이 때 나라를 되찾는다는 명분은 표면적으로 드러난 행위일 뿐, 길상의 갈등과 선택과 결단을 모두 설명할 수 있는 명제는 아니다. 그럼에도 불구하고 길상의 위상이 가족, 평사리 마을 사람들, 혹은 그 외 지인들에게 확고하게 재정립될 수 있었던 것은 '경성에서 정치적으로 수감'되었던 때문이라고 할 수 있다.

〈토지〉의 4부와 5부는 1929년의 원산 노동자 파업, 만주사변, 남경대학살에서 해방에 이르기까지의 역사적 상황이 배경을 이룬다. 농촌 붕괴와 도시 유랑민들의 증가 등 1930년대 일제의 폭압과 혼란상과 시국에 대한 정보와 주장이 지식인들의 입을 통해 생생하게 증언된다. 또한 1940년경부터 1945년 해방에 이르기까지 태평양 전쟁 시기 일제의 억압을 견뎌내야 했던 민족의 삶의 모습이 다양하게 펼쳐진다. 이때 경성은 '심심찮게 공습경보의 사이렌 소리가 울리곤'[37]하는 전운이 가득한 암울한 공간으로 그려진다.

경성은 총력전 체제하에서 전쟁을 수행하기 위한 '총후(銃後)'로써의 기능을 담당하게 되며 조선총독부는 민간인들에게 경성의 소개(疏開)를 종용한다. 따라서 경성에서 활약했던 주요 인물들은 각기 다른 사정이 있기는 했으나 만주, 일본, 평사리, 지리산 등지로 이미 이동을 했고, 경성에 남아있는 자들도 떠나려는 채비를

---

37) 박경리, 〈토지〉 20권, 앞의 책, 243쪽.

하는 것으로 그려진다. 이로써 변화한 근대문물과 식민지 지배를 절감할 수 있는 역사적 격변지였던 경성은 공황 상태에 이르고, 지식인들 또한 격렬한 논쟁과 갈등을 뒤로 한 채 각지로 흩어져 고뇌하거나 변심하거나 하면서 공황 상태에 이른다.

4. 민족자본 형성의 기대와 절망

〈토지〉 앞에 붙는 가장 일반적인 수사(修辭)는 대하소설(大河小說, Roman-fleuve)이란 명칭이다. 대하소설이란 개념은 기존의 장편 소설보다 좀 더 규모가 큰 소설을 가리키기도 하고, 별 의미 없이 그럴 듯한 포장을 위해 사용되기도 한다. 일반적으로 대하소설이란 완만히 전개되는 줄거리, 수많은 등장인물, 중첩되는 사건, 시공간적 배경이 넓고 긴 것 따위를 특징으로 삼는, 보통 장편소설보다 규모가 큰 소설을 가리킬 때 사용한다. 〈토지〉는 분명 대하역사소설로서의 조건을 갖추고 있다. 하지만 〈토지〉는 하나의 중심 서사를 중심으로 흘러가는 것이 아니라 여러 인물과 사건이 실핏줄처럼 퍼져나간다는 점에서 '대하(大河)소설'이 아니라 '다하(多河)소설'이라고 평하기도 한다.38) 이야기가 하나의 줄기로 흘러가지 않고 많은 사람들의 이야기를 고루 다루고 있기 때문이다.

이런 점에서 '토지'는 탈(脫)중심적 소설이기도 하다. 그럼에도 불구하고 〈토지〉의 가장 중심 골격은 최참판댁의 몰락과 재생이라 할 수 있다. 여러 갈래의 실핏줄도 최참판댁의 몰락과 재생이

---

38) 최유찬, 「〈토지〉는 다하소설(多河小說)인가」, 『〈토지〉를 읽는다』, 솔출판사, 1996. 108~144쪽 참조.

라는 큰 줄기를 중심으로 파생되어 나간다. 최참판댁의 몰락은 일제의 침탈을 배경으로 한 조준구의 등장과 함께 진행된다. 전통적인 봉건지주로서 최참판댁의 몰락과 재생은 변화된 사회 역사적 조건 속에서 진행된다. 평사리 주민들과 함께 간도로 이주한 최서희는 '촉수와도 같은 그 예리한 신경을 사방으로 뻗쳐' 매점매석을 통해 축재(蓄財)에 성공한다.

> 그러면 서희가 어떻게 하여 부자가 되었는가⋯⋯큰 곳간을 마련한 뒤 한 달에 여섯 번 서는 장날이면 인근 촌락에서 모여드는 곡물, 두류(豆類) 그 중에서도 특히 백두를 매점하여 곳간에 쌓아올리는 일부터 시작했다⋯⋯재산을 크게 비약시킨 결정적인 기회는 청나라 상부국(商埠局)에서 토지를 매입했던 그때다. 시가 요지에 오백 평을 평당 육 원으로 사서 그것을 상부국에 십삼 원으로 전매하여 일약 삼천오백 원의 이득을 올렸다.[39]

하지만 최서희가 재기의 발판을 마련한 자본의 축적은 일차적으로 가문을 되살리기 위한 것이며, 식민지하 민족자본으로서의 기능을 염두에 둔 것은 아니었다. 오히려 자신의 목적과 안위를 위하여 독립군의 군자금 요구는 거절하면서 일제가 후원하는 절의 중원에는 거액을 희사하기도 하는 것이다. 서희의 이러한 모습은 전통적인 토착자본이 식민 치하에서 어떻게 변질되어 가는가 하는 것을 보여주는 하나의 사례가 된다.

이와 대비하여 살펴볼 수 있는 것이 작품 속 '경성'을 배경으로 '유지(有志) 집단'을 중심으로 한민족 자본의 형성과 관련된 논의이다. 〈토지〉의 서사는 지배계급보다는 일반 민중의 삶에 더욱 밀

---

[39] 박경리, 〈토지〉 5권, 앞의 책, 82쪽.

착되어 있다. 서희의 자본 축적 과정은 조선이라는 구체적 현실에서 한걸음 떨어진 간도에서 진행되었으며, 부의 축적은 '민족'보다는 가문의 부활에 초점이 놓여있다. 이러한 점에서 경성을 배경으로 등장하는 민족자본[40]에 대한 논의는 작품 전체를 놓고 볼 때도 문제적인 대목이라 할 수 있다.

거상, 역관, 친일 귀족 등을 중심으로 진행되는 민족 자본에 관한 논의는 주로 경성의 '유지 집단'에 의해 전개된다. 여기서 '유지 집단'이란 고정된 지위의 집단이 아니라 '식민지 지배하의 지배와 저항 사이의 공간을 유영하는 중간지배층'으로서 '신분, 자산, 위력, 명망 등 그가 가진 모든 자원을 동원하여 지역민으로부터 신망을 확보하고 이를 바탕으로 지배체제에 참여하는 집단'[41]이다. 이들 '유지 집단'은 저항과 투항의 이분법으로는 포섭되기 어려운 중간지대에 존재하며[42], 일제가 자신들의 식민 통치를 관철하기 위해 의도적으로 형성하고 조장한 집단이라 할 수 있다.[43]

---

[40] 민족자본의 성격과 용어의 사용은 크게 두 가지의 관점이 대립하고 있다. 현실적으로 1920년대부터는 자본·시장·금융의 독자성을 갖춘 민족자본의 존재가 거의 불가능했다. 따라서 민족해방운동에 얼마나 능동적으로 참여할 수 있는 자본인가라는 문제가 남아있지만, 부분적으로 일제와 협력하거나 도움을 받으면서 식민지 제도 하에서 자기자본을 운영하였던 '조선인 자본가'들의 자본일지라도 '민족자본'으로 포괄할 수 있다는 견해가 그 하나이다. 다른 하나는 민족자본이라는 개념으로 식민지 경제현실을 설명할 경우 현실을 왜곡해서 파악할 수 있다는 비판적 관점으로 '조선인 자본'이라는 용어를 쓰고자 하는 견해이다. 실제 작품 속 민족자본의 형태는 전자(前者)의 경우와 가깝다. 본고에서는 〈토지〉에 등장하는 지식인들이 '민족자본'이라는 용어를 사용하면서 논쟁을 진행하고 있으므로 이 용어를 따르도록 한다. 지수걸·강창일·박찬승 외, 「토론 : 식민지 사회론의 제문제」, 『역사와 현실』 제12권, 한국역사연구회, 1994. 6, 102~104쪽 참조.
[41] 윤해동, 『지배와 자치』, 역사비평사, 2006, 226쪽.
[42] 기유정, 「1920년대 경성의 '유지정치'와 경성부협의회」, 『서울학연구』 28호, 서울시립대 서울학연구소, 2007, 1~2쪽.
[43] 지수걸은 "총독부 권력과 식민지 민중은 아무런 매개 없이 대립·갈등한

〈토지〉에서도 이와 같은 '유지 집단'이 등장하는데 이는 주로 경성 지역 인물들에 초점이 맞추어져 있다. 구리개[44]에 사는 거상 황춘배와 효자동에 사는 역관 임덕구, 명륜동에 사는 재력가 유인성의 아버지, 그리고 일본인과 친인척 관계가 있는 귀족 조병모 남작 등이 '유지 집단'에 속하는 대표적인 인물들이다. 〈토지〉에서는 이들 당사자들보다[45] 이들의 자녀들, 즉 황태수, 임명빈, 임명희, 유인성, 유인실, 조용하, 조찬하 등이 주요 인물로 등장하여 경성의 서사 주요 부분을 이끌어간다.

친일귀족 조병모의 장남인 조용하는 학교와 방직공장을 운영하고, 유인성은 아버지의 제재소를 물려받는다. 임명빈은 조용하의 학교 교장직을 맡았다가 퇴임한 후 기와공장을 설립하기도 한다. 작품 속에서는 민족자본 논의와 관련하여 이들 중 황태수가 집중적으로 조명된다. 황태수는 아버지의 재산을 물려받아 근화방직공장을 운영하면서 자산을 늘려나간다. 그는 계명회 사건으로 선후배와 동료들이 검거되었을 때 변호사 비용을 대거나 경제적으로 그들의 집안에 도움을 주는 역할을 함으로써 민족자본 논쟁의 중심에 서 있는 인물이다. 최참판가와는 서희의 맏아들인 환국과 황태수의 둘째딸인 덕희가 결혼함으로써 인연을 맺는다. 황태수는

것이 아니라 일제가 자신의 지배를 지방사회 내부에 관철시키기 위해 의도적으로 형성한 이른바 '관료-유지 지배체제'를 매개로 대립하고 갈등하였다"고 보았다. 지수걸, 「일제하 지방통치 시스템과 군 단위 '관료-유지 지배체제' : 윤해동 저, 『지배와 자치』에 대한 논평」, 『역사와현실』 63호, 한국역사연구회, 2007. 3, 346쪽.
44) 현재 을지로입구에 해당하는 지역으로 일제시대 '황금정'으로도 불렸으며 상당한 변화가였다.
45) 조준구가 자금을 필요로 할 때 임역관이 황춘배와 조준구의 거래를 주선하려던 대목 이후 이들의 등장은 미미해진다.

최서희와 사돈 관계가 되어 〈토지〉의 서사에서 끝까지 비중있는 역할을 맡는다.

〈토지〉에서 여러 차례에 걸쳐 물산장려운동과 민족자본에 대한 지식인들의 논쟁이 있고, 그 때마다 언급되는 인물이 바로 황태수이다. 방직공장을 세우고 물산장려운동에 적극적으로 참여할 뿐 아니라 만주에까지 진출하여 공장을 설립하는 등의 황태수의 역할은 실제 경성방직회사를 창설하고 동아일보를 창간한 인촌 김성수를 모티프로 형상화한 것으로 보인다.46) 일본 유학생인 선우일은 서의돈, 임명빈, 이상현 등이 모인 자리에서 황태수에게 민족자본 육성을 위해 사업의 범위를 넓혀야 한다고 권고한다.

"자네 형이야 으레껏 그랬을 테지. 황태수와 단짝이 되어 돈버는 것도 애국심이요, 독립하는 방법의 하나다. 거창하게 민족자본의 육성 운운하지만 말이야. 방법은 뭐든 좋다, 결과만 얻는다면, 그 따위 지론 독사 오른 빈사자에게 화경 들이대어 문 자리 살피는,"

"저는 그렇게 생각지 않습니다. 일단은 그 지론이 옳다는 생각입니다. 지금 일고 있는 물산장려운동은 미약하지만,"

---

46) 김성수(1891~1955)는 경영난에 직면한 한국 최초의 민족계 면방업체 경성직류를 인수한 후 1919년 10월 경성방직 주식회사를 설립하여 사업을 확장하였다. 경성방직 주식회사는 최초의 민족자본에 의한 공개법인이라는 점, 주식의 분산이 광범위하게 이루어진 점, 민족자본의식이 강하다고 추정되는 사회 유지들이 대거 참여하였다는 점 등에서 설립 의의를 인정받고 있다. 이후 김성수는 일본기업들이 뿌리내리지 않은 관서·관북 지방 등 조선뿐만 아니라 만주에 진출하는 민족계 유일한 방직회사로 성장하였다. 당시 『동아일보』에서는 1922년 말부터 물산장려운동의 분위기를 북돋우고 1923년 연초부터 직물을 중심으로 물산장려를 대대적으로 선전하는 작업에 들어간다. 안춘식, 「일제시기의 한국 민족기업 경영의 생성과 전개」, 『경제연구』 22권 1호, 2001, 48~49쪽. 윤해동, 「일제하 물산장려운동의 배경과 그 이념」, 『한국사론』 27집, 서울대국사학과, 1992, 288~289쪽. 참조.

"미친소리 말어. 개미 한 마리 기어올라가는 격이다. 그것으로만 그칠 줄 아나? 아주 복잡해져."(중략)
"주권이 없는 곳에 민족자본을 육성한다는 것은 뿌리 없는 나무에 열매 맺기를 바라는 것과 다를 것이 없다. 되어가는 꼴을 보아, 저항정신의 구심운동과도 거리가 멀어. 선우일의 이론대로라면 더욱 그러하다. 사실 물산장려회란 빛 좋은 개살구야. 민족분열의 씨앗이지."47)

  선우일은 이후 황태수와 함께 물산장려운동에 매진한다. 하지만 서의돈은 물산장려운동에 비판적이다. 서의돈의 민족자본 육성에 대한 지적은 식민지 경제의 특징을 정확하게 파악한 것이라고 할 수 있다. 식민체제 하에서 현상적으로 나타난 생산력 발전과정에 조선인자본이 커지면 커질수록 일본자본주의에의 종속성이 더 심화될 수밖에 없었다. 생산력 발전 및 공업화 주체가 일본자본·일본인이었으므로 생산력이 발전하면 할수록 식민성, 파행성, 종속성, 비접합성, 단열성 등이 깊어지고 공업화가 진행되면 될수록 그런 부정성이 더욱 심화될 수밖에 없었던 것이다. 그러나 물산장려운동을 반대한 세력은 주로 사회주의 민족운동계열이었으므로 정당한 논의를 뒤로한 채 계파 싸움으로 번지고 있었다.
  물산장려운동을 주도한 조선물산장려회는 조선인 자본가들을 중심으로 하여 결성되었던 조선민우회를 한 축으로 하고, 사회주의 계열이 탈퇴한 이후의 서울청년회를 중심으로 한 조선청년연합회가 다른 한 축으로 구성되었다. 1922년에 결성된 자본가 중심 단체인 민우회는 당시 '민족의 실력양성' 분위기를 반영하고자 하였다. 민우회는 친일의 색채가 강한 사람들 대부분을 배제하였고,

---

47) 박경리, 〈토지〉 10권, 앞의 책, 285~286쪽.

천도교와 기독교 관계 인사를 포함한 민족적 색채가 강한 사람들을 회원으로 포함하였다. 민우회에는 서울계 사회주의자들도 다수 참여하였는데, 이후 물산장려운동의 전개를 둘러싸고 『동아일보』, 청년연합회 우파와 서울계 사회주의자들은 치열한 경쟁을 하게 된다.[48] 작품 속에서는 경성 거주 지식인들의 대화와 토론을 통하여 이러한 당시의 분위기를 전하고 있다.

〈토지〉에서 민족자본의 중요성을 강조한 것은 황태수를 중심으로 한 인물들만이 아니다. 경성에 온 공노인은 임역관과의 대화에서 연해주와 간도 상황을 설명하며 민족자본의 중요성을 강조하고 있다.

> "어떻게 자릴 잡는고 하니 청국 사람이나 왜놈들 그늘을 피해서 제가끔 생업을 가져야 하는 거고 더군다나 왜놈이 들어설 수 없게시리, 더 이상은 들어설 수 업게시리 땅을 차지하되, 그놈들한테는 팔지 말아야 하고 조선 사람 자금으로 곡물이건 소 돼지건 거래를 틀어 줘야 하고 조선 농사꾼들은 절대로 왜놈한텐 곡식을 내지 말아야 하고 하다못해 잡화상, 음식점, 채소가게, 뭣이든 조선 사람이 해서 조선 사람은 조선 사람 가게에서만 물건을 사게 해야, 암만 주먹 쥐고 떠들어봐야 소용없소. 할 수 있는 한 재물의 힘을 기르는 것밖에는. 그러니까 동족끼리 배아파해서는 안 된다 그 말이지요. 그곳에선 큰 자본주가 많으면 많을수록 좋은 거니까. 그래야 대항할 수 있는 일 아니겠소?"[49]

---

48) 윤해동, 「일제하 물산장려운동의 배경과 그 이념」, 『한국사론』 27집, 서울대국사학과, 1992, 297~345쪽.
49) 박경리, 〈토지〉 7권, 앞의 책, 370쪽.

이러한 공노인의 주장에 대해 임역관은 재력을 대부분 땅을 사는 데에 몰두하고 있는 최서희의 문제를 우회적으로 지적하기도 한다. 최서희는 훗날 조용하로부터 공장설립 투자를 권유받기도 하지만, 자신은 '농토에 대해 집착이 강하다'는 말로 권유를 회피한다. 〈토지〉에서 황태수가 경성의 산업자본가를 대표하는 인물이라면, 최서희는 지방의 지주재력가를 대표하는 인물이라고 할 수 있으며 이들은 모두 일제에 협력하는 '유지 집단'에 속한다. 다음은 시구문 밖 소지감 집에 관수, 이범준, 권오송 등이 모여 있는 가운데 권오송과 소지감의 대화이다.

> "서의돈 그 형님 말씀이 생각나는군요. 물산장려운동에 소극적으로 관여하거나 방관하는 총독부의 속셈은 장차 허울만의 민족자본 진영을 사회주의, 혹은 공산주의 방패막이로 삼겠다는 포석이라는 말이." 권오송 말에,
> "그 사람과는 면식이 없어서 그 고견을 들어볼 기회는 없네만 대체로 옳은 의견 같구먼." 약간 비꼬는 투로 소지감이 말했다.
> "오늘 황태수 그 사람 귀가 가려울 것이네만 그 사람을 예로 들더라도 어째서 자네들은 그 사람을 적의 수중으로 넘겨주지 못해 안달이냐, 나는 그 말을 하고 싶네. 연장은 쓰기 나름이요, 또 굶어야 한다는 구령 하나로 모든 사람이 그렇게 한다면 애당초 남한테 내 나라 빼앗겼을 리도 없지."[50]

소지감은 서의돈의 말이 일면 옳은 의견이기는 하나 "연장도 쓰기 나름"이라는 말로 일제에 협력하기도 하는 민족자본가들을 우호적으로 평가하고 있다. 1930년대에 들어서 기업을 성장시키기

---

50) 박경리, 〈토지〉 12권, 위의 책, 77쪽.

위해서는 일본인과 자본적, 기술적 결탁을 하거나, 조선총독부의 절대적인 비호와 협력을 얻어야만 기업이 성장하고 존속할 수 있었다. 1930년대 후반기에 들어서면서 일본은 대륙침략전쟁을 일으켰으며 이때 식민지관청은 수많은 민족계 기업가에게 협력을 강요했고 또 기업의 통합을 단행하였다.51) 재벌로 성장한 많은 민족계 기업인들은 막대한 재력을 희사해서라도 기업을 보호하고자 하였다. 그럼에도 불구하고 민족계 기업은 일제의 방해와 간섭으로 몰락하는 상황이 속출하였으며 일제와 협력하는 기업만이 번영을 유지할 수 있었다.

〈토지〉 후반에 이르면 황태수의 공장도 어려움을 겪고, 유인성의 제재소와 임명빈의 기와공장은 망한다. 그리고 이것은 '모두 왜놈 정책 때문'으로 여겨진다. 민족기업들은 1930년대 후반에 이르면 전시경제체제로의 협력을 요구받았고 끊임없는 기업의 통폐합 속에서 민족기업 활동은 위축되었다. 한반도의 경제성장이 국민경제를 위한 것이 아니었고 일본의 정치 군사적인 목적을 위한 것이었기 때문이다.52) 결국 작품 속 경성을 중심으로 전개되는 민족자본에 대한 여러 논의는 민족주의 우파 외에도 사회주의, 공산주의, 신간회, 천도교와 기독교 세력 등 각계각층의 목소리를 담아냄으로써 당시 대일전선의 혼란과 난맥상을 효과적으로 전달하고 있다.

---

51) 김성수, 「일제하 민족계기업의 형성과 그 행동 양태」, 『사회과학논총』 2, 경희대사회과학대학, 1984, 107쪽.
52) 안춘식, 앞의 글, 46쪽.

5. 확장과 응축 - 경성 공간의 이중성

〈토지〉가 다루고 있는 시공간은 구한말에서 해방에 이르기까지 우리 민족이 관통한 근현대사의 발자취를 압축적으로 보여준다. 〈토지〉는 시간상 1897년 한가위에서 1945년 8월 15일 해방까지의 시간을 배경으로 하고 있다. 하지만 이것은 작품에서 표면적으로 명시된 시간적 거리일 뿐, 실제 작품의 내용은 윤씨부인이 동학장수 김개주에게 겁탈을 당하고 최치수가 생산을 하지 못하게 되는 이력을 아우르는 시간대인 1894년 동학운동 이전까지 거슬러 올라간다. 이후 한일 합방·삼일운동·광주학생운동·만주사변·관동대지진 등 수많은 역사적 사건들이 작품의 밑그림으로 그려진다. 소설 속의 인물들은 이 역사적 계기 안에 포섭되기도 하고 미끄러지기도 하면서 변화된 시대 상황 속에 놓이게 된다.

〈토지〉의 서사는 철저하게 이러한 역사적인 계기와 구체적인 사건들을 '의식하며' 진행된다. 이러한 구성은 역사 속에 실재했던 사건과 인물에 대한 작가의 인식을 보여준다. 여기에 작가는 자신이 창조해낸 개인들의 삶의 모습을 새겨 넣음으로써 작가 나름의 독특한 역사의식을 드러낸다. 작품 속에서 '경성'은 다른 주요 공간과는 달리 각각의 지역을 연결해주는 고리 역할을 하고 있으며, 당대의 역사적인 흐름과 가장 긴밀하게 대응하고 있는 공간이기도 하다.

'경성'은 허구와 역사적 사실을 접합하는 공간으로써 기능하고 있다. 〈토지〉는 평사리를 기점으로 간도·만주·일본·진주·지리산 그리고 경성에 이르기까지 점차 공간이 확대된다. 하지만 '평사리' 자체만을 놓고 볼 때, 그 공간은 역사의 소용돌이에서 비껴 있는 폐쇄적인 공간인 것처럼 보인다. 여기서 농민적 일상과 역사사이의 매개 중심으로 역할하고 있는 것이 '경성'이라는 공간이다.

경성으로부터 전해지는 전언과 풍문은 대다수 평사리 주민들에게는 당대의 정치적·사회적 상황을 가늠할 수 있는 정보가 되며 그들을 역사와 매개시킨다. 경성은 당대의 역사적 계기들이 응축되어 있는 공간이면서, 다른 한편으로는 그러한 역사적 계기들을 확장시킴으로써 중앙으로부터 멀리 떨어진 공간과 인물들을 역사화 한다. 확장과 응축, 번영과 쇠락으로 요약될 수 있는 경성 공간의 이중성에 대한 해명은, 〈토지〉가 지닌 서술 상의 특징을 규명하고 식민지하 일상에 대한 증언으로써의 의미를 가진다.

본고는 〈토지〉에 관한 기존의 공간연구를 바탕으로 작품 속 경성의 역할을 살펴보았다. 작품이 지닌 독특한 서술 구조는 '경성'을 역사적 계기로 작동하게 하며, 결국 허구와 사실(史實)을 결합하게 하는 역할을 담당하고 있음을 확인할 수 있었다. 이러한 서술상의 특징을 바탕으로 한 여러 인물들의 직·간접적인 체험은 식민지 경성의 문화와 근대성에 대한 다양한 인식을 보여주고 있다. 향후 경성 뿐 아니라 여러 공간 속에 등장하는 일상 속의 풍습과 민속, 그리고 일본을 경유하여 들어온 여러 서구식 근대문물에 대한 목록화 작업을 통해 〈토지〉를 이해하는 또 하나의 방법을 도출해 볼 수 있을 것이다. 이러한 작업은 단순히 기계적인 정리를 넘어 당시의 일상이 식민지 규율 속에 어떻게 재배치되는가에 대한 탐색이 될 수 있을 것이다. 앞으로의 과제로 남겨 놓는다.

---

* 이 글은 「〈토지〉에 나타난 식민지 경성의 문화와 근대성의 경험」란 제목으로 2008년 6월 『현대문학의 연구』 35호에 실린 글을 수정·보완한 것이다.

참고문헌

강만길, 「문학과 역사」, 『세계의 문학』 18, 1980, 겨울호.
김병익, 「〈토지〉의 세계와 갈등의 진상」, 『한국문학』 44, 1977.
_____, 「식민지시대의 사회변화와 인간 : 박경리의 〈토지〉 제3부」, 『들린시대의 문학』, 문학과지성사, 1985.
_____, 「한(恨)의 민족사와 갈등의 사회사」, 〈토지〉, 삼성출판사, 1988.
김영근, 「일제하 식민지적 근대성의 한 특징-경성에서의 도시경험을 중심으로」, 『사회와 역사』 57, 2000.
김철, 「운명과 의지: 〈토지〉의 역사의식」, 『문학의시대』 3, 1986.
김치수, 「〈토지〉의 세계」, 『박경리와 이청준』, 민음사, 1982.
박명규, 「〈토지〉와 한국 근대사 : 사회사적 이해」, 『토지 비평집 2』, 솔, 1995.
박세훈, 「동원된 근대: 일제시기 경성을 통해 본 식민지 근대성」, 『한국근대미술사학』 13, 2004.
서정미, 「〈토지〉의 恨과 삶」, 『창작과비평』 56, 1980.
서준섭, 「자본주의의 화려한 옷으로 변신한 1930년대 거리」, 『역사비평』, 1991 여름.
손정목, 『일제강점기 도시화 과정 연구』, 일지사, 1996.
송재영, 「소설의 넓이와 깊이」, 『문학과 지성』 15, 1974.
염무웅, 「역사라는 운명극」, 『민중시대의 문학』, 창작과 비평사, 1979.
송재영, 「민족사와 드라마의 형식」, 『정경문화』 220, 1983.

이상진, 「〈토지〉 속의 만주, 삭제된 역사에 대한 징후적 독법」, 『현대소설연구』 24, 2004.
이재선, 「숨은 역사·인간 사슬·욕망의 서사시」, 『문학과 비평』 9, 1989.
이태동, 이만열 外, 「소설 〈토지〉를 말한다」, 『월간조선』, 1980, 7월호.
이태동, 「〈토지〉와 역사적 상상력」, 『부조리와 인간의식』, 문예출판사, 1981.
_____, 「환상과 현실사이: 박경리론」, 『한국현대소설의 위상』, 문예출판사, 1985.
이 호, 「소설에 있어 공간 형식의 가능성과 한계」, 『공간의 시학』, 예림기획, 2002.
임헌영, 「다양한 시대의 드라마」, 『한국문학』 44, 1977.
_____, 「〈토지〉의 작품세계와 그 사상」, 『월간경향』 270, 1987.
장일구, 「소설 공간론, 그 전제와 지평」, 『공간의 시학』, 예림기획, 2002.
전성곤, 「지배이데올로기의 선택과 배제에 관한 고찰 : 『시대일보』와 『경성일보』를 중심으로」, 『일본문화연구』 19, 2006.
전우용, 「종로와 본정: 식민지 경성의 두 얼굴」, 『역사와 현실』 41, 2001. 6.
정현기, 「〈토지〉 해석을 위한 논리 세우기」, 『작가세계』 1994. 가을.
정호웅, 「〈토지〉론- 지리산의 사상」, 『동서문학』, 1989, 11월호.
_____, 「해방 후 역사소설의 성과」, 『소설과 사상』, 1993, 여름호.
_____, 「〈토지〉의 주제 – 한·생명·대자대비」, 『토지 비평집』 2, 솔, 1995.
조윤아, 「박경리 〈토지〉의 공간 연구」, 『현대문학의 연구』 21, 2003.
최유찬, 「〈토지〉의 구조」, 『〈토지〉를 읽는다』, 솔출판사, 1996.
_____, 「〈토지〉 판본 비교 연구」, 『현대문학의 연구』 21, 2003.
F. K. Stanzel, 『소설형식의 기본 유형』, 안삼환 옮김, 탐구당, 1990.
Ricardo Gullon, On space in the Novel, *Critical Inquiry* Autumn, 1975. vol. 2, No. 1

역사적 공간과 소설적 공간으로서의 '통영 해저터널'

김인숙

1. 〈토지〉 공간의 미시적 탐구
2. 역사적 사실과 소설 속 담론
3. 〈토지〉의 주요인물들이 경험한 '통영 해저터널'
4. 역사적 사실과 소설적 진실

1. 〈토지〉 공간의 미시적 탐구

〈토지〉가 완간된 지도 20년이 넘었다. 〈토지〉는 원고지 4만 장에 이르는 방대한 분량의 소설이지만, 완간 이전부터 오늘에 이르기까지 다양한 연구가 지속적으로 이루어져 왔다. 〈토지〉 연구를 통시적으로 고찰한 최근 논문에 따르면, 〈토지〉 연구 저작의 분량이 이미 〈토지〉 자체의 분량을 한참 넘어설 정도로 많아졌다.[1] 2014년에는 〈토지학회〉가 창립되어, 그 동안의 연구 성과를 바탕으로 새로운 연구가 더욱 활발하게 이루어질 전망이다. 양적 축적이 상당히 이루어진 만큼, 이제 〈토지〉 연구에는 다각적인 접근 방식이 요구된다. 이 글에서는 〈토지〉의 극히 일부분이라고 할 만한 '통영 해저터널' 관련 담론에 초점을 맞추어서 미시적 접근방식으로 텍스트를 분석하고자 한다. 이를 통해 역사적 공간과 소설적 공간의 의미 차이를 탐구함으로써 〈토지〉의 서사적 특징을 살펴보게 될 것이다.

〈토지〉는 구한말에서 일제 시기를 거쳐 광복에 이르는 50년간의 시간을 배경으로 한다. 공간적 배경은 하동의 평사리, 경성(서울), 진주, 부산, 통영, 인천 등 한반도 영역을 넘어 간도, 연해주 등지에 이르는 북방 지역까지 확장된다. 〈토지〉의 배경을 이루는 공간 연구는 여러 연구자들에 의해 다각도로 이루어져 왔다. 평사리, 지리산, 진주, 부산, 경성(서울), 만주 등 특정한 공간 연구를 비롯해서, 〈토지〉의 공간적 특징 전반을 분석한 연구 등 주목할

---

[1] 박상민의 연구에 따르면, 현재까지 〈토지〉만을 대상으로 한 박사학위 논문이 13편 나왔으며, 박경리 문학 전반을 다룬 박사학위 논문도 10편이 넘는다. 석사학위 논문과 평론, 소논문 등은 각각 수백 편이 넘을 정도로 많다. (박상민, 「박경리 〈토지〉 연구의 통시적 고찰」, 『한국근대문학연구』 제31호, 한국근대문학회, 2015, 279~319쪽 참조.)

만한 연구 성과가 이어지고 있다.

〈토지〉의 공간 연구에서 가장 눈에 띄는 부분은 이상진의 지속적인 연구이다.[2] 이상진은 평사리를 비롯해서 지리산, 진주, 만주 등지의 〈토지〉 속 공간 연구를 다양한 테마로 이어가고 있다. 이는 공간 연구의 외연적 확장이면서 동시에 〈토지〉의 공간 연구 테마가 확대되었다는 긍정적인 결과를 보여준다. 이상진 외에도 '경성(서울)'과 '부산'에 각각 중심을 둔 이승윤과 김승종의 연구는 〈토지〉 속 배경으로서의 공간에 초점을 맞춘 것이면서, 다른 한편으로는 식민지 근대 시기의 도시 특성을 포착했다는 점에서도 주목할 만한 성과이다.[3] 이와 같은 개별적 공간 연구 외에도 방법론적으로 새로운 시도가 돋보이는 연구들도 있다. 김진영의 논문은 학계 간 연구라고 할 만한 시도로서, 지리학적 연구 방법으로 평사리 공간을 분석하였다.[4] 조윤아는 지도 그리기를 통해 공간의 패턴을 분석하여 〈토지〉 속 공간들의 의미를 재해석하였

---

[2] 이상진, 「〈토지〉 속의 만주, 삭제된 역사에 대한 징후적 독법」, 『현대소설연구』 24, 한국현대소설학회, 2004, 231~256쪽; 이상진, 「일제하 진주 지역의 역사와 박경리의 〈토지〉」, 『현대문학의연구』 27, 한국문학연구학회, 2005, 91~131쪽; 이상진, 「〈토지〉의 평사리 지역 형상화와 서사적 의미」, 『배달말』 37, 배달말학회, 2005, 262~287쪽; 이상진, 「자유와 생명의 공간, 〈토지〉의 지리산」, 『현대소설연구』 37, 한국현대소설학회, 2008, 277~300쪽; 이상진, 「〈토지〉에 나타난 동아시아 도시, 식민주의와 물질성 비판」, 『현대문학의 연구』 37, 한국문학연구학회, 2009, 385~413쪽; 이상진, 「〈토지〉의 공간과 역사적 상상력」, 『본질과 현상』 23, 본질과 현상, 2011, 128~141쪽.
[3] 이승윤, 「〈토지〉에 나타난 식민지 경성의 문화와 근대성의 경험」, 『현대문학의 연구』 35, 한국문학연구학회, 2008, 303~333쪽; 김승종, 「박경리의 〈토지〉와 '부산'」, 『현대소설연구』 49호, 한국현대소설학회, 2012, 41~62쪽.
[4] 김진영, 「인간주의 지리학 관점에서의 장소성 프로세스를 적용한 문학지리학 연구: 소설 〈토지〉 속 평사리를 중심으로」, 『지리교육논집』 55, 서울대학교 지리교육과, 2011, 1~16쪽.

다.5) 이처럼 다양한 〈토지〉의 공간 연구는 방법론이 다양해질수록 의미 해석의 진폭이 넓어질 수 있음을 보여준다.

그런데 〈토지〉의 공간 중 '통영'에 관한 본격적인 연구가 아직 없다는 점도 특이한 부분이다. 조윤아와 방금단이 박경리 소설에 나타난 통영 공간을 연구하였으나 이들의 연구는 〈토지〉 이전의 작품인 〈애가〉, 〈파시〉, 〈환상의 시기〉, 〈김약국의 딸들〉에 주안점을 두고 있다.6) 작가의 고향이기도 한 통영은 〈토지〉에서 지역 공간 묘사가 매우 사실적으로 이루어지는 곳이다. 작가가 지도를 보면서 상상한 만주, 연해주 등지의 배경 묘사 방식과는 다르다. 이상진의 지적처럼 통영은 1930년대 후반부터는 진주와 더불어 작가의 자전적인 공간으로서 생생한 묘사와 서사가 돋보이는 공간이다.7) 통영은 서사의 중심적 배경이라고 할 만한 하동의 평사리나 진주, 서울, 간도에 비해 비중이 적은 곳이기는 하지만, 4부와 5부로 갈수록 평사리 주민들의 자녀 세대와 그 외의 인물들이 모여드는 장소로서 중요해진다. 조준구의 꼽추 아들 조병수, 김강쇠의 아들 휘와 송관수의 딸 영선 부부, 김한복의 아들 영호와 영산댁에게 맡겨졌던 숙이 부부, 숙이의 동생 몽치(박재수) 등의 인물들이 통영에 터를 잡고 산다. 이들과 관계를 맺은 소지감, 해도사 등의 지리산 사람들까지 통영을 오가면서, 통영을 배경으로 한 여러 인물들의 이야기는 매우 다채로워진다. 평사리의 많은 사람들

---

5) 조윤아, 「박경리 〈토지〉의 공간 연구」, 『현대문학의연구』 21, 한국문학연구학회, 2003, 287~326쪽.
6) 조윤아, 「박경리 소설에 나타난 통영 공간의 상상력」, 『비평문학』 32, 한국비평문학회, 2009, 305~327쪽; 방금단, 「통영-그리움의 서사: 〈김약국의 딸들〉, 〈파시〉를 중심으로」, 『돈암어문학』 25호, 돈암어문학회, 2012, 213~242쪽.
7) 이상진, 「〈토지〉의 공간과 역사적 상상력」, 132쪽.

에게 고통을 안긴 조준구가 죽은 곳도 통영의 조병수 집이었다.

이렇게 통영에 자리를 잡고 살아가는 이들의 이야기 외에도 통영은 4부의 주요인물들이 거쳐 가는 곳으로도 중요하다. 〈토지〉 4부 이후에 언급되는 주요 어휘들의 빈도를 살펴보면, 가장 높은 빈도를 보이는 인물이 '임명희'이고 이어서 '오가타 지로'가 2위를 차지한다. 유인실은 7위다.8) 〈토지〉의 4부 이후를 분석하기 위해서는 임명희와 오가타에 대한 좀 더 세밀한 이해가 필수적이라는 박상민의 말에 따른다면,9) 통영은 임명희와 유인실, 오가타 지로, 조찬하가 모여드는 곳으로서 주목할 만한 공간이다. 여수로 향하던 임명희가 배에서 내려 충동적으로 자살 시도를 했다가 한동안 시골 분교의 교사로 지냈던 곳이 통영이다. 임명희를 만나러 유인실과 오가타 지로, 조찬하가 통영을 방문함으로써 통영에는 색다른 결의 이야기가 새겨진다.

바흐친의 말처럼 공간은 구체적인 재현의 중심이자 소설에 실체를 부여하는 힘으로 나타난다.10) 특정한 공간은 서술자의 묘사나 설명 등의 기법으로 표현되기도 하지만, 소설이라는 장르적 특성이 '형상화'라는 측면에서 두드러진다고 할 때, 구체적인 공간은 소설의 모든 추상적 요소들에 살과 피를 입힌다는 점에서 중요하다. 바흐친의 표현처럼 문학에서 공간은 모두 정서와 가치로 채색되어 있다.11) 그렇기 때문에 특정한 공간을 면밀히 연구하는 일은 그 안에 새겨진 정서와 가치를 탐구하는 작업이라고 할 수 있다. 이를

---

8) 박상민, 「작품 구조와 인물을 통해 본 일본론」, 『한국 근대문화와 박경리의 〈토지〉』, 소명출판, 2008, 258쪽.
9) 위의 책, 259쪽.
10) 미하일 바흐찐 저, 전승희 외 역, 『장편소설과 민중언어』, 창작과비평사, 1994, 459쪽.
11) 위의 책, 450쪽.

작품 전체와 관련해서 해석해 볼 때 〈토지〉와 같이 방대한 공간적 배경을 지닌 작품을 이해하는 데 새로운 시야를 얻을 수 있다.

〈토지〉는 "가장 미약한 것들이 가장 위대한 것을 환기시키는 미적 구조"12)를 갖추고 있다는 표현에서도 잘 드러나는 바와 같이, 소설에서 두드러져 보이지 않는 것들의 의미를 탐구하는 일은 〈토지〉 연구에서 매우 중요한 작업이다. 이뿐만 아니라 작품에 드러난 담론을 드러나지 않은 무수한 담론들과 관련지어 살펴봄으로써 2차원적인 담론에 입체감을 부여할 수 있다. 미시적 접근 방식은 역사 연구에서 추상성을 극복하고 더 풍부한 이야기를 생성한다는 점에서 주목받았다.13) 하지만 카를로 진즈부르그(Carlo Ginzburg)가 지적하는 바와 같이 미시 규모에서 얻은 결론은 거시 규모에 곧장 적용될 수 없으며, 그 역도 마찬가지다. 미시적 연구의 의의는 연구 대상의 규모를 줄임으로써 다른 시야를 얻을 수 있다는 점에 있다.14) 〈토지〉 연구에서도 크게 두드러지지 않는 무수한 이야기들을 살려냄으로써 작품을 좀 더 깊이 있게 볼 수 있는 시야를 확보할 수 있다.

이 글에서 주목하는 '통영 해저터널'은 1932년에 만들어졌고, 오늘날은 등록문화재로 지정되어 있다. 〈토지〉 속에 재현된 '통영 해저터널'은 역사적 기록물과 대화적 의미를 지니면서, 한편으로는 작품에서 그곳을 통과하는 인물들이 만들어내는 새로운 의미 공간으로 재탄생한다. 이 글에서 〈통영해저터널〉의 의미 탐구는 담론들의 층위를 나누어 살펴보는 방식으로 이루어질 것이다. 소

---

12) 최유찬, 『〈토지〉를 읽는다』, 솔출판사, 1996, 11쪽.
13) 곽차섭, 「미시사―줌렌즈로 당겨본 역사」, 『역사비평』 46호, 역사문제연구소, 1999, 70쪽.
14) 카를로 진즈부르그(Carlo Ginzburg), 「미시사 : 내가 알고 있는 몇 가지 것들」, 『역사연구』 제7호, 역사학연구소, 2000, 223~270쪽 참조.

설 바깥의 다양한 기록물들, 소설 속 화자의 목소리로 재현되는 의미, 단역인물의 말을 통해 재현되는 의미, 주요인물들이 경험하는 의미가 비슷하면서도 각기 다르다. 다층적으로 재현되는 공간의 의미를 살펴봄으로써 〈토지〉의 서사적 특징을 고찰하는 것이 이 글의 목적이다.

2. 역사적 사실과 소설 속 담론

바흐친에 따르면, 소설은 '반석 같은 진리'의 언어가 점차 줄어드는 방식으로 발전해 왔다.15) 소설에서 작가의 의도는 다양한 말들을 통해 드러난다. 특히 대화의 형식은 작가의 의도를 굴절시킬 수밖에 없다. 이 장에서는 소설 바깥의 기록물들과 소설 속 화자의 말, 단역인물의 말을 함께 고찰함으로써 '통영 해저터널' 담론들의 의미를 분석적으로 살펴볼 것이다.

2-1. 소설 바깥의 '통영 해저터널' 담론들

〈토지〉의 시간적 배경이 되는 일제 침략기에 통영은 근대 도시로 변화하고 있었다. 해상교통과 수산업의 전진기지로서, 통영에는 1910년 이전부터 일본인이 거주하기 시작하였다. 1910년에 이미 통영 시가지에만 일본인 718명이 거주하면서 상업과 수산업에 종사했으며, 1932년에는 통영군 관내에 5,885명이 거주하는 것으로 집계되어 있다. 1920년대에는 상하수도 사업이 시작되었고, 시가지 조성사업, 도로축조 등의 도시계획 사업들이 이루어졌다.16)

---

15) 미하일 바흐찐, 앞의 책, 110~111쪽.

이렇게 볼 때 동양 최초의 해저터널인 '통영 해저터널' 건설은 도시 근대화 사업의 일환이었다고 할 수 있다. 2005년에 '등록문화재'로 지정된 '통영 해저터널'은 통영과 미륵도를 연결하는 해저 구조물이다. 이에 대해 문화재청의 공식 기록은 다음과 같다.[17]

종 목	등록문화재 제201호
명 칭	통영해저터널 (統營 海底터널)
분 류	등록문화재 / 기타 / 공공용시설
수량/면적	터널 1기, 길이 483m, 폭 5m, 높이 3.5m
지정(등록)일	2005.09.14
소 재 지	경남 통영시 당동 406외, 미수동 907-1 외
시 대	일제강점기
소유자(소유단체)	통영시

1932년 건립
이 시설물은 통영과 미륵도를 연결하는 동양 최초의 해저 구조물이다. 해저터널로 연결되기 전의 미륵도는 밀물 때에는 섬이지만 썰물 때에는 도보로 왕래가 가능한 상태였다. 그런데 일제 강점기에 일본 어민의 이주가 본격화됨에 따라 두 지역 간 거리 단축을 위해 이 해저터널이 만들어졌다. 비록 공사의 주창과 시행이 일제에 의한 것이라고 해도 투입된 인력과 자재가 우리 민족에 의한 것이라는 측면에서 역사적 가치가 있다.

---

16) 경남대학교 산학협력단, 『통영 해저터널 : 기록화 조사 보고서』, 문화재청, 2007, 27~28쪽.
17) "통영해저터널", 〈문화재청〉
http://www.cha.go.kr/korea/heritage/search/Culresult_Db_View.jsp?mc=NS_04_03_02&VdkVgwKey=79,02010000,38 (접속일:2015년 8월 20일)

'통영 해저터널'은 오늘날 '충무운하'라고 불리는 해협 아래에 만들어졌다. 위의 기록에서 볼 수 있는 것과 같이 터널이 만들어지기 전에 통영에서 미륵도까지는 썰물 때 도보로 왕래할 수 있었다. 달리 표현하자면 이곳은 바다가 얕아 배가 상시로 드나들기에는 부적절한 지형이었다. 그래서 터널 공사에 앞서 수로를 만드는 운하 건설이 이루어졌다. 얕은 수심의 땅을 깊이 파서 언제든 배가 다닐 수 있는 운하를 만든 한편, 그 아래에는 해저터널을 만들어서 주민들이 편하게 다닐 수 있게 한 것이다.

'충무운하'는 예전 임진왜란 때 일본 수군(水軍)을 대파(大破)한 이순신 장군과 관련된 장소이다. 한산대첩 당시 크게 패한 일본 병사들이 급히 도망하고자 했지만, 바다가 얕아 배가 다닐 수 없었기 때문에 손으로 땅을 파서 물길을 내려고 했다는 이야기가 있다. 이러한 내용은 『민족문화대백과사전』의 기록과도 일치한다.[18]

충무운하忠武運河

[정의]
경상남도 통영시 당동과 미수동 사이에 있는 운하.
[내용]
길이 1,420m, 너비 55m, 수심 3m. 통영반도와 미륵도 사이에 있으며, 본래 이 좁은 해협은 가느다란 사취(砂嘴 : 바다 가운데로 길게 뻗어나간 모래톱)가 발달하여 반도와 섬이 거의 연결되어 있었다. 임진왜란 때의 한산대첩(閑山大捷)에서 이순신(李舜臣)에게 쫓긴 왜선들이 이곳으로 도망쳐 들어와 배가 갈 수 없으므로 퇴로가 막히자 땅을 파헤치고 물길을 뚫고 도망쳤다 하여 이곳을 '판데목'이라고도 부르며, 이 때 수많은 왜군이 죽었으므로 '송장목'이라고도 한다.

---

18) "충무운하", 『민족문화대백과사전』
http://encykorea.aks.ac.kr/Contents/Contents?contents_id=E0058138
(접속일:2015년 8월 23일) (밑줄 필자)

충무운하(忠武運河)

이 운하는 여수와 부산간의 남해항로의 요지로서 선박의 내왕이 빈번한 곳이다. 바다목에 무지개 모양의 돌다리가 놓여 있어 인마(人馬)가 건너다니고 다리 밑으로 작은 배가 내왕하였다. 일제강점기에 일본인들은 운하를 파서 해협을 넓히고 임진왜란의 원흉인 도요토미(豊臣秀吉)의 관명(官名)을 따서 이름을 붙였다. 1967년 운하교인 충무교(판데다리)가 완성되었는데, 연장 152m, 너비 10m, 높이 18m의 아치형 다리이다. 이 밑에는 해저터널이 있고, 이 다리 밑을 부산과 여수로 가는 객선과 크고 작은 어선들이 드나든다.

'충무운하'나 '해저터널'이 기능에 따른 명칭이라면, '판데목'이나 '판데굴'은 민족사적 의미가 부여된 명칭이다. 통영 사람들은 임진왜란 당시 일본의 패전과 이순신 장군이 이끄는 우리 수군(水軍)의 승리를 기리기 위해 400년이 지나도록 충무운하를 '판데목' 혹은 '송장목'이라고 불렀다. 〈토지〉의 배경인 일제 시대의 통영 사람들에게 이러한 이름은 민족적 자부심과 긍지의 표현이었다. 이와 같은 시각은 위의 '통영 해저터널'에 대한 문화재청의 기록에도 담겨 있다. 일본인의 편익을 위해 일본의 기술로 만들어진 건축물을 '등록문화재'로 지정하면서, "비록 공사의 주창과 시행이 일제에 의한 것이라고 해도 투입된 인력과 자재가 우리 민족에 의한 것이라는 측면에서 역사적 가치가 있다."는 해석이 부가된 것이다. 실제로 해저터널 공사가 이루어지던 당시의 기록을 보면 터널의 공사는 극빈자들에게 노동의 기회를 제공하는 것으로 기획되어, '조선의 노동력'이 투입된 것을 확인할 수 있다.[19] 터널 공

---

19) 「赤貧者만 使用할 統營海底道路工事」라는 제목이 붙은 1931년 6월 25일자 『조선일보』 보도에 따르면, 해저터널 공사는 궁민구제(窮民救濟)를 목적으로 '궁곤(窮困)한 적빈자(赤貧者)'만이 일할 수 있게 하였다. (『조선일보』, 1931년 6월 25일)

사 당시의 사건·사고들을 보도한 『동아일보』나 『조선일보』의 기사에서도 민족주의적 시각이 분명히 드러난다. 공사 중에 일본인 기술자가 조선인 노동자를 폭행하거나[20] 기계 작동이 서툴러 노동자들이 부상을 당하고,[21] 임금 지불이 제대로 이루어지지 않아 노동자들이 어려움을 겪는 일[22] 등의 관련 보도를 볼 때 당시의 열악한 노동 현실 또한 짐작할 수 있다. 일본인 감독 하에서 어렵게 일한 조선의 노동자들에게 과거 승리의 이야기가 담겨있는 '판데목' 아래의 터널 작업은 남다른 긍지로 남아있다. 건설 당시 동원된 김동수(88·통영시 정량동) 씨는 "일본이 뭐라하든 우리는 이순신 장군의 승전을 생각하며 공사에 임했다"고 전한다.[23] 이처럼 소설 바깥의 '통영 해저터널' 담론들은 민족주의적 색채가 짙다. '통영 해저터널'이 일제 시대에 만들어졌고 공사의 주창자가 일본이었기 때문에, 기록물에는 '민족의 노동력'이 더욱 강조되어 있고, 민족 승리의 이야기가 덧입혀 있다. 이러한 시각은 소설 속으로 들어오면서 반복과 변주를 시작한다.

2-2. 화자의 목소리에 담긴 역설

소설에서 화자가 들려주는 '통영 해저터널' 담론에는 두 가지 핵심 정보가 담겨있다. 내용은 간단하지만 자세히 들여다보면 거기에는 고구마줄기처럼 여러 이야기들이 줄줄이 얽혀 있다.

---

20) 「工事場 技手가 人夫를 亂打 重傷」, 『조선일보』 1931년 9월 11일.
21) 「統營 海底 工事場 負傷者가 續出」, 『조선일보』 1931년 9월 26일.
22) 「極貧民 救濟工事 每日 賃金은 三十錢」, 『조선일보』 1931년 9월 1일.
23) 「근대 문화유산을 찾아서 (14) 통영해저터널」, 『국민일보』 2005년 8월 16일.

왜국 군선(軍船)들이 몰리었던 판데목, 어마지두한 왜병들이 손으로 팠다는 판데목, 사람들은 그곳에 설치한 해저터널을 다이코보리[太閤堀: 도요토미 히데요시의 별칭]라 부른다. 그것은 일본의 참패를 상징하는 말이다.24)

첫 번째 정보는 '통영 해저터널'이 만들어진 위치에 관련한 것이다. 위에서 살펴본 바와 같이 해저터널은 '충무운하' 아래에 만들어졌다. 그런데 〈토지〉에서 보면 통영 사람들에게 운하는 '판데목'이요, 터널은 '판데굴'이다. 장소에 담긴 민족주의 담론을 그대로 수용한 태도이다. 〈토지〉가 일제 치하를 배경으로 한 소설이고 작가 자신이 통영 출신인 만큼, 통영 사람들의 자부심의 원천인 이순신 장군의 승리담이 강력한 힘을 발휘한 것이다.

둘째로 확인할 수 있는 바는 '통영 해저터널'의 명칭에 관한 정보다. 화자의 말에 따르면 해저터널은 '다이코보리'라고 불렸다. 이를 한자어로 표기하면 태합굴(太閤堀)이다. 2007년에 문화재청에서 발행한 『통영 해저터널 기록화 조사 보고서』에서 보면, 1930년 7월과 1931년 6월 13일자 공문서에 '태합굴해저수도(太閤堀海底隧道)'라는 명칭이 사용되었다.25) 여기서 수도(隧道)는 '터널'의 한자식 표현이다. 그러니까 '태합굴해저수도'는 해저터널에 '태합굴'이라는 이름을 붙인 것이다.

'태합굴'은 임진왜란을 일으킨 일본 정치가 도요토미 히데요시의 관명을 딴 이름이다.26) 식민지 시기 일본인들로서는 '판데목'

---

24) 박경리, 〈토지〉 16권, 마로니에북스, 2012, 278쪽. (이하 인용 부분은 괄호 안에 권수와 쪽만 표시함.)
25) 경남대학교 산학협력단, 앞의 책, 52쪽.
26) '태합'(太閤, 다이코우)은 본래 천황을 대신하여 정무를 보던 최고위 정치가(관백)가 자신의 후계자에게 직위를 물려준 후에 불리는 칭호이다. 도요토

이나 '송장목' 등의 명명을 수용할 수 없었으므로, 새로운 이름을 붙여야 했다. 일본 관료들이 여기에 도요토미 히데요시의 관명을 붙인 것은 아이러니다. 2005년 문화재청이 통영 해저터널을 문화재로 지정하는 과정에서 이와 관련한 해프닝이 있었다. 문화재청에서는 '태합굴'의 의미를 알지 못한 채 "문화재 등록명칭 부여 시에 생성 당시의 고유명칭이 현재까지 유지되고 있는 경우 원래 명칭으로 한다"는 견해에 따라 '통영 태합굴 해저도로'라는 명칭으로 문화재 예비 등록을 했던 것이다. 이후 통영사연구회, 통영시, 통영문화원 등지에서 명칭 변경을 요청하여, 문화재청은 공식사과문을 내면서, 명칭을 '통영 태합굴 해저도로'에서 '통영 해저터널'로 변경하였다.27)

그런데 위의 인용문에서 보면 화자는 해저터널을 '태합굴(다이코보리)'로 부르는 것에 대해 "그것은 일본의 참패를 상징하는 말이다."라는 문장을 덧붙였다. 이것은 일본의 명명 행위에 대한 화자의 해석이다. 여기에서 일본 관료들이 '판데목'에 도요토미 히데요시의 관명을 붙이는 아이러니한 행위를 통영 사람들이 어떻게 생각하는지가 드러난다. 참패를 보여주는 장소에 임진왜란을 일으

미 히데요시는 1591년에 양자 도요토미 히데쓰구(豊臣秀次)에게 관백직을 물려준 뒤 '태합'으로 불렸다. 일본 역사상 가장 유명한 태합이 도요토미 히데요시였기 때문에 일본에서는 '태합'이라는 말을 대개 도요토미 히데요시의 관명으로 쓴다. ("태합", 『위키백과사전』 참조. https://ko.wikipedia.org (접속일: 2015년 8월 17일))

27) 문화재청, 「통영해저터널 문화재 등록예고 명칭과 관련하여」, 2005. 8. 11. (문화재청 해명 자료)
http://www.cha.go.kr/newsBbz/selectNewsBbzView.do?newsItemId=80063613&sectionId=e_sec_1&pageIndex=1&pageUnit=10&strWhere=title&strValue=%ed%95%b4%ec%a0%80%ed%84%b0%eb%84%90&sdate=&edate=&category=&mn=NS_01_02 (접속일:2015년 8월 20일)

킨 정치가의 이름을 붙이는 것은 억지스러운 힘의 과시요, 악의적인 행동이다. 이에 통영 사람들은 그렇게 이름을 붙여봐야 그것은 일본의 참패를 다시 한 번 환기시킬 뿐이라고 반응한다. 통영 사람들에게는 해저터널을 누가 뭐라고 부르든 그곳의 본질적인 의미에는 변함이 없다. 그것이 '도요토미 히데요시'에게서 유래한 명칭이라고 해도, 통영 사람들은 오히려 임진왜란의 승리만 기억하고 강조할 뿐이다.

2-3. 대화 속에서 재탄생된 단역인물의 목소리

〈토지〉에서 '통영 해저터널'에 대해 가장 열심히 말하는 이는 통영 금강여관의 심부름꾼 소년이다. 열일곱여덟쯤 된 이 사내아이는 〈토지〉에서 두 번 등장한다. 한 번은 조준구에게 병수네 집을 안내하는 장면(12권 278~281쪽)에서 나오고, 다른 한 번은 임명희가 통영에 들렀을 때 '판데굴'을 자랑하는 목소리로 나온다.[28] 〈토지〉에서는 이 소년과 같은 단역인물들이 각기 일정한 기능을 수행하면서 〈토지〉의 의미 생성에 기여한다.[29]

---

[28] 임명희가 여관집 주인에게 가볼 만한 곳을 묻자 여관주인의 답하는 말에 소년이 개입한다. "그러나 머니머니 해도 통영서는 판데굴이 젤이오. 외지에서 그거를 볼라고 많이들 온께요." / "판데굴?" / "예, 바다 밑에 굴이 있십니더. 바다 밑에요." / 심부름꾼 소년이 신이 나서 큰 소리로 말했다.(13권 468쪽)
[29] 〈토지〉에는 단 한 번만 등장하는 단역인물의 수가 400명에 이른다. 전체 원고지 분량으로 4000매이며, 전체 분량의 10%가 이들 단역인물에 할애되어 있다. 〈토지〉의 단역인물을 연구한 김원규는 단역인물들을 기능에 따라 세 가지 유형으로 분류하였다. 묘사의 기능, 평가의 기능, 실행의 기능이다. 묘사의 기능은 시대나 세태 혹은 인물을 묘사하는 기능이고, 평가의 기능은 사건이나 인물에 대한 평가 기능이며, 실행의 기능은 조력이나 방해의 기능이다. (김원규, 「텍스트의 구도와 단역인물의 의미」, 『한국 근대문화와 박경

심부름꾼 소년은 조준구에게 병수 집을 안내한다. 좁고 가파르고 빈한한 골목길을 가면서 조준구는 가난한 삶의 모양새를 비꼬고 멸시한다. 이에 반발하여 소년은 통영 사람들의 기상을 자랑하는 것으로 응대한다. 그 중에 '판데목'의 이야기가 나온다.

"못 배워먹은 것들, 말버릇 고약허다. 상하구별도 모르는 촌것들이라니,"
"우리 곳에서는 다 이렇기 말을 하는데요?"
"갯바닥이라 더한 겐가?"
"갯가라 카지마는 옛날에는 사또보다 높은 수군통제사가 있었던 곳입니더. 지금 우리가 가는 명정리에는 이순신 장군을 모시놓은 사당도 있고요. 저어기 저, 왜놈들을 몰살시킨 판데목도 있고 통영사람들 콧대가 얼매나 높으다고요? 그래서 왜놈 서장도 보통내기가 와서는 맥도 못 춘다 안 캅니까?"
"대통으로 하늘 보기다. 왜놈, 왜놈 하고 함부로 지껄이다가 혼날 줄 알아라."
"우리는 지금꺼지 그렇기 말해왔십니더. 손님은 부잔데 와 그리 벌벌 떨어쌓십니꺼?"
"이놈 봐라? 못하는 말이 없구나."
"서울은 우떤지 모리겄십니다마는 우리 곳에서는 왜놈들이라 카믄 업신여긴께요. 통영은 왜놈들이 와서 박살난 곳이라요. (중략) 또 아까 판데목 이야기는 했지요? 와 판데목이라 카는지 압니꺼? 임진왜란 때 그놈들이 도망갈라꼬 엉겁결에 손으로 팠답니더. 그래서 판데목이라."
"주둥이는 닫아두고 어서 가기나 해."
"손님이 숭(흉)을 본께, 통영을 찾아오는 다른 손님들은 경치좋고 인심이 좋고 해물이 좋다고 칭찬인데, 손님은 아마도 신선 노는 곳에

리의 토지』, 소명출판, 2008, 291~318쪽 참고.)

서 오싰는가 배요?"
어지간히 자존심이 상했던 눈치다. 사내아이는 당돌하게 일침(一針)을 놓았다. (밑줄 필자)(12권 279~280쪽)

밑줄 그은 내용에서 알 수 있는 '정보'는 화자의 말과 비슷하다. 하지만 심부름꾼 소년의 말은 조준구의 말과 대화 관계에 놓임으로써 다른 양상을 띤다. 민족적 긍지와 자부심이 더욱 강조되는 한편, "대통으로 하늘보기"라는 말에서 볼 수 있듯이 주입된 이데올로기가 성찰 없이 되풀이되는 점이 비판적 맥락 안으로 들어온다. 소년은 조준구에게 굽힘없이 자신의 생각을 피력하고, 여관집 주인의 말에 개입하여 평가를 덧붙인다. 민족주의적 성격을 띤 '정보'가 의미 생성의 장(場)인 '대화' 속으로 들어옴으로써 정서적 색채를 덧입는다. 소박하지만 투철한 항일정신이 더욱 분명히 드러난다. 하지만 조준구의 말을 통해 다른 목소리 또한 울려온다. 헛된 자부심만 가득할 뿐, 과거의 승리담에 취해서 여전히 못 살고 빈한한 민족 현실을 직시하지 않는다는 맥락이 생성된 것이다. '과거'에 얽매인 민족 담론이 지닌 한계가 드러나는 순간이다. '통영 해저터널'에 관한 다양한 기록물들은 그것이 일본인의 자본과 기술로 만들어졌지만, 우리 민족의 서사를 담고 있는 '우리 문화재'임을 강조한다. 이는 〈토지〉 속 화자의 말과 단역인물의 말에서도 확인할 수 있다. 그렇지만 소설을 면밀히 분석할 때 좀 더 구체적인 두 가지 의미를 읽을 수 있다. 먼저, 화자의 말에서는 통영 사람들이 해저터널 관련 담론들을 어떻게 수용했는지를 읽을 수 있다. 일본 정부가 어떤 이름을 붙여서 관리하든지 해저터널은 우리 민족의 이야기를 입은 민족의 산물이라는 것이다. 다른 하나는 단역인물의 말을 통해 민족적 입장이 좀 더 생생한 목소리를 얻으면서, 동시에 비판적 지점에 놓는다는 점이다. 대화의 맥락으로 들어온 소년의 목소리는 통영 사람들의 소박하면서도 순수한 반일 감정을 선명하게 드러낸다. 그러나 다른 한편으로 민족주의적 목소리는 대화의 장에 들어옴으로써 '과거의 승리담'에만 집착해서 민족 현실을 직시하지 못한다는 한계점을 드러낸다. 이것은 작가가 의도하지 않은 점일 수 있다. 하지만 소설 속에서 '형상화'를 입은 담론은 고착된 민족담론이 자리잡은 곳이 어디인지를 드러내어 해석의 폭을 넓힐 수 있다. 민족중심의 담론들이 소설 속으로 들어오면서 반복과 변주를 해나가는 것이다.

3. 〈토지〉의 주요 인물들이 경험한 '통영 해저터널'

주요 인물들이 경험하는 '통영 해저터널'의 의미는 화자나 단역인물을 통한 정보와는 다르다. 민족주의적 시각에서 의미가 부여되는 화자의 말이나 그것이 대화의 맥락에서 재탄생한 단역인물의 말과는 달리, 각각의 인물들은 자기 삶의 어떤 순간에 '통영 해저터널'을 통과한다. 담론의 층위가 달라지면서 의미 생성 방식 또한 판이해진다.

3-1. 임명희의 경험: '이승'의 의미를 잃은 공간

임명희는 조용하와의 결혼생활에 파국을 맞은 후에, "갈 곳도 없고 할 일도 없다!"(13권 422쪽)는 무기력한 상태로 남쪽으로 향한다. 그는 길여옥이 있는 여수로 향하는 배에 올랐다가 충동적으로 통영에 내린다. 임명희는 '일상에서 멀미를 겪을 정도'로 생활

세계에 밀착력이 적다. 그렇기 때문에 역설적으로 삶의 충동과 죽음의 충동 모두에 예민하다. 통영에 내린 것도 "파닥거리는 생선 같은 항구"(13권 467쪽)의 모습 때문이다. 그는 활기로 충만한 삶의 현장에 저도 모르게 이끌려 애초의 목적지가 아닌 곳에 발을 딛는다. 정처는 없지만 일단 여관에 들고, 여관집 주인이 알려준 구경거리를 목적지 삼아 길을 나선다. 그곳이 바로 '통영 해저터널'이다.

> 여관집 여주인이 설명해준 대로 신작로로 나온 명희는 곧장 걸어간다. 목적지가 그 바닷속에 있다는 굴이라는 것을, 목적지가 있어서 얼마나 다행인지 모르겠다는 듯 열심히 한눈도 팔지 않고 초여름 햇볕 속에 얼굴을 드러낸 채 명희는 걷는다. <u>바닷속에 있다는 굴에 대해서는 관심도 호기심도 없었지만 목적지라는 이유 하나만으로 명희는 의욕을 나타냈던 것이다.</u> 바닷가에는 끌어올려 놓은 배들이 있었고 어부들은 어망을 손질하며 노래를 부르고 있었다. 배꼽을 내놓은 아이들은 철사에 바다가재를 꿰어 들고 뛰어간다. 아낙들은 뻘밭에서 개발(갯벌에서 조개 파는 일)을 하고 있었다. 햇볕은 눈부셨다. 짙푸른 바다도 눈부셨다. 하얀 돛단배, 흰 갈매기, 청명하고 아름다웠다.
> '여기로구나'
> 아가리를 딱 벌린 듯 멀리서도 굴의 입구를 볼 수 있었다. 그리고 굴 양켠에는 음식점 같은 것이 몇 채 있었다. 명희는 내리막으로 된 굴 입구에 들어섰다. 설렁한 냉기가 얼굴에 쳤다. 사뭇 내려갔을 때 햇볕은 완전히 차단되었고 전등이 희미하게 사방을 비춰준다. <u>사방은 모두 완벽한 콘크리트. 사방에서 울려오는 소리는 모두 명희 자신의 발소리였다. 발소리는 벽에 부딪혀 멀리 갔다가 다시 벽에 부딪혀 돌아오는 것이었다. 천국도 지옥도 아니었다. 극락은 더욱 아니었다. 다만 저승이었을 뿐이었다. 저승!</u> 철저하지는 않았지만 기독교

가 몸에 밴 명희였으나 바다 밑 굴속은 저승이라는 말 외 적절한 어휘는 없을 것 같았다. 굴을 빠져 나왔을 때 세상은 햇볕에 가득 찼다기보다 눈부시게 흰, 그것도 투명한 모시 베로 둘러쳐져 있다는 느낌을 받았다. 명희는 굴 앞에서 걸음을 멈추었다. 목적지를 이제는 잃은 것이다. 새로운 목적지를 찾아야만 했다. 굴 앞에는 노파가 한 사람 삶은 감자를 팔고 있었다. 햇볕에 녹은 엿도 몇 가락 모판 속에 있었다. 내일 이승을 하직하고 저승으로 갈지 모를 백발의 노파. 자식 없는 늙은 것이 살아남아 미안하다는 듯한 눈빛을 하고 쳐다보는 노파. 명희는 발길을 돌려 방축을 쌓은 바닷가 길을 따라 걷기 시작한다. (13권 469~471쪽)(밑줄 필자)

임명희는 해저터널을 목적지 삼아 찾아가지만, 그것은 일시적이기 때문에 거기에 도착하자마자 다시 목적지를 잃어버릴 수밖에 없다. 그는 해저터널에서 목적 없는 자기 삶을 여실히 깨닫게 된다. 생(生)에 목적이 없으므로 정처없는 발걸음 소리가 크게 들릴 수밖에 없다. 그러니 "사방에서 울려오는 소리"가 모두 "자신의 발소리"로 들린다. 그 소리들은 벽에 부딪혀 멀리 갔다가도 다시 벽에 부딪혀 돌아온다. 어둡고 냉랭한 공간에서 그에게 들리는 것은 온통 자신의 발소리뿐이다.

생의 의미와 목적이 없음을 깨닫고 나니 살아도 살아있다는 감각이 없다. 그래서 임명희는 해저터널 안에서 '저승'을 경험한다. 삶과 죽음 모두에서 '의미'를 찾을 수 없으므로, 천국이냐 지옥이냐 하는 차이도 없다. '이승'에 대한 감각을 잃었기 때문에 '저승'일 뿐이다. 그래서 임명희가 해저터널을 빠져나오고 나서 '바깥'에서 본 것 또한 '햇볕에 가득 찬 세상'이 아니라, '투명한 모시 베로 둘러쳐진 듯한 세상'이다. 이승 같지 않은 이승의 모습이다. 거기서 눈이 마주친 사람 역시 '내일 이승을 하직하고 저승으로 갈지 모를 백발의 노파'다. 임명희는 그 노파의 눈빛마저도 '자식 없는 늙은 것이 살아남아 미안하다는 듯한 눈빛'으로 읽는다. 자기 삶에 목적이 없음을 깨닫고서 바라보는 터널 밖의 세상은 온통 이승도 아니요 저승도 아닌 모습이다.

 해저터널을 지나온 그 밤에, 임명희는 바다에 뛰어들었다. 저승을 경험했으니 죽음이 두려울 리 없다. 하지만 그마저도 강렬한 충동에 따른 것이 아니었다. 삶이 의미 없으니, 죽음 또한 의미 없는 것이다. 임명희는 어부에게 구조되지만, 죽음을 시도했다가 살아난 경험이 곧장 살려는 마음으로 바뀌지 않는다. 그는 여수 길여옥을 방문했다가 다시 통영으로 돌아온다. 해저터널이 내려다 보이는 분교의 임시교사 자리를 얻어 여러 해 동안 침잠한다. 그 시간은 임명희에게 살아있는 것도 죽은 것도 아닌 시간이었다. 그래서 그를 찾아 통영으로 내려왔던 사람들은 '유령'과 같은 그의 모습에 깜짝 놀란다.

 서정미의 지적처럼, 〈토지〉에서 역사의 흐름을 진정으로 실현하는 것은, 양반이건 농민이건 교사건 장사꾼이건 간에, 얼핏 보아 역사와 거의 상관없어 보이는 사람의 충실한 생활 속에서이다.30) 임명희는 최서희처럼 자기 의지로 똘똘 뭉친 사람과 비교해 볼 때 그 대척점에 선 것 마냥 의지박약으로 보인다. 어쩌면 그래서 현실에 더 가까운 인물인지 모른다. 4부에서 임명희가 통과한 해저 터널은 목적 없는 그의 삶을 강하게 압박하였다. 해저터널에서의 '저승' 경험은 느리지만 조금씩 임명희의 삶에 변화를 이끌었다. 임명희가 지나온 해저터널의 의미를 살펴보면, 민족중심의 담론에

---

30) 서정미, 「〈토지〉의 한과 삶」, 『〈토지〉 비평1. 恨과 삶』, 솔출판사, 1994, 94쪽.

서는 읽을 수 없었던 의미들이 생성되는 것을 알 수 있다. 그것은 민족담론에서는 한 번도 주목받을 수 없었던 '개인사'이다.

〈토지〉의 독자들은 수많은 개인들의 고뇌에 찬 삶에 공감하면서 민족사적으로 의미 있는 시간을 다른 방식으로 경험한다. '역사' 자체의 무게를 직접적으로 느끼는 것이 아니라, '역사적 시기'를 살아가는 개인들의 힘겹게 짓눌린 삶을 통해 그 무게를 좀 더 생생하게 가늠하는 것이다.

3-2. 유인실의 경험: 내려놓음으로 편안해진 공간

가족과 연락을 끊고 칩거하는 임명희를 만나러 유인실과 오가타와 조찬하 일행이 통영에 내려온다. 통영에 도착한 첫째 날, 유인실과 오가타는 밤의 산책길에서 해저터널을 지난다. 이 때 "분명 두 사람 사이에는 따로 할 말이 있었겠는데 무미건조한, 다분히 의식적인 화제"(14권 365쪽)로 인실은 오가타에게 들쭉날쭉한 이야기들을 퍼붓는다. 조선 농민의 특성, 한일 문화 비교, 무사도와 선비 정신 비교, 민족성 비교 등에는 "독선이 깔려 있고, 미화와 옹호의 감정도 노골적"(14권 375쪽)이었다. 이러다가 문득 그들은 해저터널 안에 와 있는 것을 깨닫는다.

> 아까부터 인실의 목소리는 사방에서 윙윙 울렸으나 팔매질 같은 말의 속도, 가혹한 내용에 의해 말하는 당자 인실은 물론 오가타도 격앙된 상태였으므로 주변 풍경에 대해선 거의 망실 상태였었다. 그들은 신작로를 따라 해저터널까지 와 있었던 것이다. 천장에 매달린 전등이 터널 안을 환하게 비쳐주고 있었다. <u>아무것도 없는 공간, 벌레 한 마리 없을 것 같은 공간이었다. 벽도 바닥도 천장도 온통 콘</u>

크리트로 굳혀진 곳, 인실은 무너지듯 땅바닥에 주저앉는다. 오가타는 선 채 인실을 내려다본다. 열병에 걸린 것처럼 인실의 얼굴은 새빨갰다. 주저앉은 인실은 두 다리를 뻗었다, 비로소 그는 터널 속이 따뜻하다는 것을 느낀다. 지금쯤 터널 위로 배가 지나가고 있을지도 모른다는 엉뚱한 곳으로 생각은 넘어간다.
"오가타상은 절 고발하여 감옥으로 보내지도 않을 거니까…… 결국 이불 밑에서 활갯짓한…… 흐흐흐흐……."
인실은 낄낄 웃었다. / "비겁했네요."
"자아, 일어나요." / 오가타는 인실을 잡아끌었다. 여자의 손은 차디찼다.
"자아." / 일으켜 세우다가 오가타는 인실을 꼭 껴안는다. 힘이 빠져버린 인실은 저항 없이 새같이 가볍게 몸을 기울였다.
"계속 소리 지르고 악을 쓰고." / "제가요?" / "……." / "안 그랬는데……." / "몸으로 소리치고 악을 썼지."
인실은 몸을 떨기 시작했다.
"오가타상, 난 갈 거예요. 싸우러 갈 거예요. 시베리아벌판? 만주벌판? 눈 속에 묻혀서 죽고 싶어요. 죽고 싶어, 죽고 싶어……."
오가타는 더욱 강하게 인실을 껴안으며 귀뿌리에 입술을 대고,
"말 없을 때 히토미는 강했어. 왜 이렇게 무너지는 거요, 히토미."
뭔가 옆을 스치고 지나갔다.
"아니 저기이 멋고? 더럽은 것들이, 여기가 저저 안방이가? 세상이 망조라 에이, 애잉곱다!"
그물을 어깨에 짊어진 어부는 큰소리로 욕설을 하며 침을 탁 뱉는다. 포옹을 풀고 손을 잡으며 돌아본다. 우쭐우쭐 걸어가는 어부의 뒷모습, 이윽고 그 모습은 굽어진 터널 모퉁이에서 사라졌다.
"이제 돌아갑시다." (밑줄 필자)(14권 385~386쪽)

임명희에게 해저터널이 목적 없는 자기 삶을 일깨우는 역할을 했다면, 인실에게 해저터널은 당위적 목적뿐인 자기 삶을 일시적

으로나마 내려놓게 한 곳이다. 오가타와 산책을 나오기 전에 유인실은 극단적인 순결을 요구하는 민족적 처지에 회의하고, 이리떼 같은 세월의 고통을 가늠하고 있었다. 그러면서도 장황한 얘기로 보호막을 치면서 오가타 앞에서 무너지지 않으려고 애를 써가며 해저터널에 이르게 된 것이다.

유인실의 삶은 민족의 운명과 끝까지 함께 하겠다는 결단과 의지의 삶으로 요약될 수 있다. 그러나 '당위'로서 주어진 삶만을 고집하는 인물은 현실감을 얻기 힘들다.[31] 그래서 5부에 이르면 만주로 옮겨간 유인실의 비중이 줄어들고 대부분의 독립운동가들의 활동과 마찬가지로 그가 어떤 일을 하는지는 막연해진다.

정해진 목표만을 좇는 삶이란 목적 없는 삶만큼이나 힘겹고도 위험하다. 식민지 시기 '민족 해방'을 최우선 과제로 설정할 때, 개인은 수많은 모순에 직면하지 않을 수 없다. '민족'이라는 아이덴티티는 개인을 구성하는 수많은 요소 중 하나일 수밖에 없기 때문이다. 유인실은 '조선인'이라는 민족 정체성을 잃지 않기 위해, 여성이자 연인이요, 딸이자 누이요, 어머니일 수도 있는 자신의 부분들을 거부했다. 그래서 만주로 이주한 후의 유인실이라는 인물에게는 생명감이 부족하다. 수많은 갈등 요인들을 안고 흔들리고 무너질 수밖에 없는 개인의 요소들을 단 하나의 매끄러운 정체성으로 수렴하려는 시도는 성공적이라고 할 수 없다. 허연실이 지

---

31) 성은애, 「〈토지〉 5부의 세대교체와 그 성과」, 『〈토지〉 비평집 2. 한·생명·대자대비』, 솔출판사, 1995, 167쪽.

적한 바와 같이, 유인실이 '민족모성'[32]으로 거듭나는 순간 그 말이 함유한 아이러니에 빠져들 수밖에 없다.

해저터널 속의 유인실은 가장 유인실 답지 않음으로써 내적 갈등을 치열하게 드러낸다. 그래서 생기가 있다. '아무것도 없는 공간, 벌레 한 마리 없을 것 같은 공간'에서 그는 무너지듯 주저앉아 두 다리를 뻗는다. 오직 단 한번 민족의 아이덴티티로 무장한 자신을 해제한 것이다. 해저터널을 통과한 유인실은 오가타와 하룻밤을 보내고서, 일본인일 수도 없고 조선인일 수도 없는 아이를 잉태한다. '조선인 유인실' 이외의 삶에 그토록 부정으로만 일관하던 유인실이 자신의 내적 모순을 잉태하는 순간이다.

일본의 침략 시기에 민족의 구성원으로서의 의무와 책임을 지키겠다는 것은 위험에 내몰린 삶을 스스로 선택하는 일이다. 특히 사랑하는 이가 '적국(敵國)'의 일원이라면 내적 갈등은 극에 달하지 않을 수 없다. 유인실은 민족담론으로 채색된 해저터널에서 무너지듯 그 무게를 내려놓는다. 유인실에게 해저터널은 '비현실적 공간'이기에 일시적이나마 '자유의 공간'으로 재탄생한다. 모순으

---

[32] '민족모성'은 식민지 시기 여성을 연구한 이은경이 쓴 표현이다. 이를 허연실이 유인실의 '주체되기'를 분석하면서 가져다 썼다. 이은경에 따르면, 식민지 시대의 여성은 여자이기 이전에 민족담론과 민족적인 모성을 위한 주체로 호명되어야 했다는 것이다.(이은경, 「광기/자살/능욕의 모성공간」, 『한국의 식민지 근대와 여성공간』, 여이연, 2004. 참조.) 이은경과 허연실 모두 '민족모성'이라는 말이 지닌 아이러니를 지적한다. '모성'은 개인적인 것인데, 그것을 '민족'을 위한 것으로 전유하는 순간, '모성'을 버릴 수밖에 없다는 것이다.(허연실, 「박경리〈토지〉에 나타난 '민족모성'과 비체 — 유인실의 '주체 되기'를 중심으로」, 『현대문학이론연구』 53권, 현대문학이론학회, 2013, 346~349쪽. 참조.) '민족모성'은 일찍이 여성에게 부여된 적이 없는 '민족적인 것'을 여성 정체성으로 삼으려고 할 때 부여되는 모순적인 표현이다. '모성'이라는 신성한 표지를 덧붙이지 않고서는 여성은 '민족'이라는 남성성의 영역에 들어설 자격이 부족하다는 것이다.

로 가득한 인간사에서 '모순을 인정하는 곳'이라는 의미에서 해저터널은 지극히 '현실적인 공간'이 된다.

3-3. 오가타 지로의 경험: 의미 탐구의 공간

유인실과 오가타가 통영에 온 첫날 함께 해저터널을 통과한 경험은 '유인실의 경험'이었다. 자신에게 늘어놓는 독설과 오만한 이야기들은 유인실 자신을 향한 외침이었음을 오가타는 깨닫고 있었다. 그는 그런 유인실을 바라보고 붙잡아주면서 해저터널을 지났다. 그리고 오가타는 다음날, "온몸으로 사람을 거부하는" 임명희와 만나고 온 조찬하와 함께 다시 해저터널을 지난다.[33] 오가타에게 임명희는 제3자였기에 그는 조찬하가 겪은 충격 없이 해저터널을 경험할 수 있었다.

> 지상 부분을 지나 커브를 돌았을 때 터널 입구에 매달린 전등은 어둠 속에서 마치 숲 속의 등불같이 깜박이는 듯했다. 오가는 사람도 별로 없는데 발소리는 메아리가 메아리되어 끝없이 울린다. 오가타는 견딜 수가 없었다. (중략) "<u>암중모색이지 뭐. 인생이란 끝없이 쓸쓸해. 저승길을 가는 것처럼. 이승길 저승길 따지고 보면 다를 게 하나도 없는 거요.</u>"
> "……." / "산카상(찬하 씨)!" / "……."
> "역시 나나 당신은 봇짱이야. 모두들 배짱 두둑하고 낯가죽도 질기던데, 사이교의 방랑을 꿈꾸고,"
> <u>오가타는 찬하에게 말한다기보다 윙윙 울리는 자기 목소리를 듣기</u>

---

[33] 조찬하 역시 〈토지〉 4부에서 해저터널을 통과하는 인물이지만, 그는 유령처럼 변해버린 임명희의 태도에 충격을 받아 해저터널을 의식하지 않고 통과한다. 따라서 이 글에서 조찬하의 경험을 분석하는 것은 생략하였다.

위해 말하는 기분이었고 왠지 모르겠으나 소리를 질러 목청껏 노래를 부르고 싶은 기분이었다. (중략)
그런데 웅얼웅얼 이상한 소리가 멀리서 울려오는 것이었다. 그 소리는 차츰 가까워져서 뚜렷해지기 시작했다.
"관세음보오살! 관세음보오살!" / 그런가 하면,
"나무아비타아불! 나무아비타아불!"
윙! 윙! 울리는데 바구니를 인 중늙은 여자가 그것도 조만한 여자가 한 팔은 바구니를 잡고 한 팔은 열심히 휘저으며 모습을 나타내었다.
"관세음보오살! 관세음보오살! 나무아비타아불! 나무아비타아불!"
오가타는 마음속으로 아아 하고 납득했다. 아까 목청껏 노래 부르고 싶었던 자신의 심정을 비로소 이해할 수 있었던 것이다. 중늙은 여자는 극락왕생을 빌며 소망을 염원하며 염불을 했다기보다 세상과 동떨어진 바다 밑의 공간, 그 공간 자체에 자유로움을 느꼈을 듯싶었고, 별로 걸리적거리는 사람, 부딪치는 행인도 없는 터에 갈 길을 밝혀줄 만큼의 어둠이 허물을 묻어주듯, 그리고 제 목소리가 그토록 오래 울리며 연이어져 사라지는 것이 마치도 육체를 망각하고 자신의 영혼의 목소리만을 들으며 영혼의 부유(浮遊)를 확실하게 느끼며 — 그렇다, 육신을 빠져나온 자유로움, 자의식을 풀어버린 홀가분함, 그것은 목소리로써 표현되고 인식된다. 중늙은 여자는 명부(冥府) 길을 환상하며 염불을 외었는지 모르지만 명부 길엔 육신은 없다. 육신이 없음은 욕망과 소망도 없는 것이다. 욕망과 소망이 없음으로 해서 자유로워지는 것이다.
오가타는 그런 생각을 하고 있는데 터널에 빛이 들어왔고 소리도 제자리에, 그리고 눈부신 외부로 그들은 나왔다. 국화빵 장수, 고구마 장수가 웅크리고 앉아 있던 저켠과 달리 이켠은 훨씬 풍요했다. 잡화상, 음식점, 한약국도 있었고, 철물점, 사람이 사는 품을 갖추고 있었다.
(밑줄 필자) (14권 403~406쪽)

오가타의 경험에는 특이한 점이 있다. 그는 터널에서 느끼는 자기 경험의 실체를 타인을 통해 깨닫는다. 중늙은 여자가 나무관세음보살을 외치는 소리를 들으면서 그는 욕망과 소망이 없음으로 해서 자유로워지는 이치를 깨닫는다. 자신이 '소리를 질러 목청껏 노래부르고 싶은 기분'에 빠지는 것은 비현실적인 터널 속 상황에서 일시적으로 느끼는 해방감임을 알게 된다. 그리고는 빛과 소리가 '제자리'에 있는 터널의 외부로 나온다. 해저터널을 통과하는 오가타의 첫 느낌은 임명희와 흡사하다. 발소리가 메아리되어 울리는 것, 터널 속에서 저승길의 이미지를 떠올리는 것이 임명희와 크게 다르지 않다. 하지만 그는 인생의 의미를 총체적으로 성찰하고, 타인의 행동을 이해하고 그에 공감한다. 성찰과 이해, 공감의 능력으로 오가타는 임명희와는 다른 쪽에 다다르게 된다. 그가 도달한 곳은 저켠보다 훨씬 풍요로운 이켠이다.

'투철한 반일(反日) 작가'라고 스스로를 칭하는 박경리가 〈토지〉에서 일본인 오가타를 시종일관 긍정적으로 그리는 것은 이례적이다. 이는 오가타가 삶의 의미를 탐구하고 끊임없이 성찰하는 인물이기에 가능하다. 박경리는 천황을 현신인(現身人)으로 생각하는 일본 사람이 과연 참다운 지성인일 수 있는지를 회의한다. 이런 시각에서 보면 오가타는 성찰하고 반성할 줄 아는 지성인의 모습으로 그려진다. 해저터널을 지나면서 생의 의미를 성찰한 것도 같은 맥락이다.

바흐친의 표현에 따르면, 작가는 예술작품에서 어떤 인물의 총체에 통일된 반응을 보인다. 작가는 인식적이고 윤리적인 규정과 가치평가를 하나로 모아 그것들을 단일하고도 유일한 전체로 완성한다.[34)] 오가타를 향한 작가의 태도에는 '반일작가'로서의 진지한 탐색이 드러나 있다. 작가가 세계 속에서 자신을 표현하기 위하여 어떠한 방식으로 글쓰기를 선택한다는 것은 자기의 모순을 객관적으로 해결하는 방식이 된다.[35] 오가타라는 인물은 지성을 가진 일본인이 제국주의 침략에 어떤 태도를 보여야 하는가를 진지하게 탐색하는 작가의 고민의 결정체이다. 그래서 오가타는 정주(定住)할 수가 없다. 유인실과의 사랑이 맺어지기 힘들어서가 아니다. 작가가 그에게 부여한 소명 때문에 오가타는 먼 길을 떠날 수밖에 없다. 소설의 후반으로 갈수록 오가타는 조선과 일본, 만주를 넘어 더 먼 북쪽까지 다니면서 조선인과 일본인들을 만나 대화하고 사색한다. 이는 결론을 내리기 위한 여정이 아니라, 탐구를 멈추지 않으려는 고된 노력이 구현된 것이다.

4. 역사적 사실과 소설적 진실

실제로 '통영 해저터널'을 통과하는 데 걸리는 시간은 대략 10분 내외다. 총길이는 483미터다. 임명희, 유인실, 오가타, 조찬하는 역사적 담론의 층위와는 다른 결을 이루면서 해저터널을 통과했다. 민족사적 시각과는 거리가 있는 듯하지만, 그들의 삶이 통째로 민족사의 날줄과 씨줄에 걸려 있다는 점은 분명하다. 터널을 통과하면서 드러낸 개인적인 고통과 고민 역시 시대적 진통과 무관하지 않다. 역사적 담론을 수용하면서도 역사를 전면에 내세우

---

34) 미하일 바흐친 저, 김희수·박종소 역, 「미적 활동에서의 작가와 주인공」, 『말의 미학』, 도서출판 길, 2006, 28~29쪽.
35) 롤랑 부르뇌프·레알 윌레 공저, 김화영 편역, 『현대소설론』, 문학사상사, 1986, 139쪽.

지 않고 무수한 개인들의 삶을 그리는 〈토지〉의 특성이 잘 드러나는 지점이다.

하지만 '사실'에 충실하게 진위를 따지자면, 임명희, 유인실, 오가타, 조찬하는 실제로 해저터널을 통과할 수 없었다. 임명희가 해저터널을 통과한 것은 4부 1권에서인데, 4부 1권은 광주학생운동(1929년) 이후에서 신간회 해소(1931년) 이전을 배경으로 한 이야기다.36) 그러니까 임명희가 해저터널을 지난 것은 1930년의 일이다. 그리고 유인실, 오가타, 조찬하가 통영의 임명희를 찾아간 것은 이듬해 초순이다. 임명희를 찾아 통영에 오기 전, 이들은 진주에 들러 길상을 만났다. 함께 식사를 하면서 이들은 '하마구치 수상이 우익청년에게 저격당한 사건'을 언급한다. 소설의 화자는 다음과 같은 말로 사건에 대한 해설을 덧붙였다. "작년 십일월 역두에서 하마구치[濱口] 수상이 우익청년에 의해 저격당한 것은 런던 군축회의에서 타협안에 내각이 조인한 데서 발단된다."(14권 348쪽) 하마구치 수상의 저격 사건은 1930년 11월의 일이다. 이들이 진주를 방문했을 때는 아직 남강이 꽁꽁 얼어있던 무렵이니, 1931년 초의 겨울이다. 그러니까 임명희, 유인실, 오가타, 조찬하는 모두 해저터널을 지날 수 없었다. 왜냐하면 해저터널 완공일은 1932년 11월 20일이었기 때문이다.37)

---

36) 광주학생운동에 참여했다가 평사리로 환국을 찾아 도피해온 이제생이 환국과 나누는 대화에서도 시간을 짐작할 수 있다. "광주서는 그놈들이 이번 일을 굉장히 확대하고 있어요. 아주 단단히 조질 모양이오. 이 기회에 신간회도 때리부쉬버릴 작정인 것 같아요."(13권 114쪽)
37) 『동아일보』 1932년 11월 23일자에 보도(「統營 兩大 工事 竣工式 盛況」)에 따르면, 경남 통영 착량교와 해저도로 공사가 끝나, 1932년 11월 20일 낙성식을 성대히 거행하고 해저도로 통행식과 운하통항식을 마쳤다고 한다. (『동아일보』, 1932년 11월 23일)

〈토지〉를 집필하는 내내 손에서 세계지도와 역사책을 놓지 않았다는 작가는 가장 친숙한 장소에서 역사적 기록과 어긋나는 이야기를 그렸다. 작가의 출생이 1926년이고 해저터널 완공이 1932년이니, 통영의 해저터널은 작가가 기억하는 어린 시절부터 줄곧 그곳에 있던 건축물이었다. 익숙한 장소이기 때문에 특별한 사실 확인이 필요 없었을 것이다. 그래서 '사실'일 수 없는 이야기가 탄생했다.

  '통영 해저터널' 관련 담론들을 면밀히 살펴보다가 발견한 '오류'는 흥미를 자극하지만, 이것이 '소설적 진실'에 영향을 미치지는 않는다. 〈토지〉는 개연성을 바탕으로 한 허구이기 때문이다. 임명희, 유인실, 오가타, 조찬하라는 허구적 인물들은 결국 가상의 해저터널을 통과한 것이다. 소설 속 화자의 말과 단역인물의 말이 역사적 기록과 정확하게 일치한다는 점을 생각할 때, 또 다른 담론의 층위에서 발견되는 '불일치'는 그 의미 해석을 '역사적 사실'의 세계에서 '소설적 진실'의 세계로 넘긴다.

  박명규의 지적처럼, 〈토지〉는 사건과 관련된 인물들의 내면적 의식, 정서, 한, 다짐, 세계관 등을 그리는 데 초점이 맞추어져 있지 개인들의 행동을 통해 나타난 역사적 사건 자체를 조망하는 데 관심을 두지 않는다.38) 임명희와 유인실, 오가타의 경우에서 본 것과 같이 이들이 지나온 '해저터널'은 역사 담론상의 층위와 다른 곳에 있다. 민족사 담론은 '통영 해저터널'에 승리의 기록을 채색해 놓았다. 이는 현실의 어려움을 견디기 위한 정신의 무장일 수 있다. 하지만 개개인이 통과하는 해저터널은 '현실 감각'으로

---

38) 박명규, 「〈토지〉와 한국 근대사 : 사회사적 이해」, 『토지 비평집 2. 한·생명·대자대비』, 솔출판사, 1995, 126쪽.

충만하다. 바다 속에 굴이 있는 비현실적 공간에서 소설의 인물들은 현실의 자기 문제와 가장 극적인 방식으로 조우한다. 역사의 색채가 약해지는 담론에서, 거시사에 포착되기 힘든 인물들의 현실적인 갈등과 고민이 생생하게 드러나는 것이다.

〈토지〉의 서사적 특징은 거대사가 전면화되지 않으면서 수많은 인물들이 매우 꼼꼼하게 그려짐으로써 커다란 인간벽화가 완성된다는 데에 있다. 공간에 대한 미시적 탐구는 관련 자료들을 꼼꼼하게 읽고 분석하는 데서 출발했다. 종국에 도착한 지점이 전혀 다른 의미의 장(場)인 것은 아니지만, 결론에 도달하기까지의 과정에서 발견한 미세한 지점들은 결론의 의미를 더욱 풍부하게 만든다. 〈토지〉에는 면밀한 분석을 기다리는 해저터널들이 아직도 많이 있다.

참고문헌

1. 자료

경남대학교 산학협력단, 『통영 해저터널 : 기록화 조사 보고서』, 문화재청, 2007.

문화재청, 「통영해저터널 문화재 등록예고 명칭과 관련하여」, 〈문화재청 홈페이지〉
http://www.cha.go.kr/newsBbz/selectNewsBbzView.do?newsItemId=80063613&sectionId=e_sec_1&pageIndex=1&pageUnit=10&strWhere=title&strValue=%ed%95%b4%ec%a0%80%ed%84%b0%eb%84%90&sdate=&edate=&category=&mn=NS_01_02, 2005. 8. 11.

박경리, 〈토지〉 1~20권, 마로니에북스, 2012.

「赤貧者만 使用할 統營海底道路工事」, 『조선일보』, 1931년 6월 25일.

「工事場 技手가 人夫를 亂打 重傷」, 『조선일보』, 1931년 9월 11일.

「極貧民 救濟工事 每日 賃金은 三十錢」, 『조선일보』, 1931년 9월 1일.

「統營 海底 工事場 負傷者가 續出」, 『조선일보』, 1931년 9월 26일.

「統營 兩大 工事 竣工式 盛況」, 『동아일보』, 1932년 11월 23일.

「근대 문화유산을 찾아서 (14) 통영해저터널」, 『국민일보』, 2005년 8월 16일.

"통영해저터널", 〈문화재청〉
    (http://www.cha.go.kr/korea/heritage/search/Culresult_Db_
    View.jsp?mc=NS_04_03_02&VdkVgwKey=79,02010000,38
    /2015. 8. 20.)
"충무운하", 『민족문화대백과사전』
    (http://encykorea.aks.ac.kr/Contents/Contents?contents_id
    =E0058138/2015. 8. 23.)

2. 연구논저

곽차섭, 「미시사-줌렌즈로 당겨본 역사」, 『역사비평』 46호, 역사문제연구소, 1999, 69-85쪽.

김승종, 「박경리의 〈토지〉와 '부산'」, 『현대소설연구』 49호, 한국현대소설학회, 2012, 41-62쪽.

김진영, 「인간주의 지리학 관점에서의 장소성 프로세스를 적용한 문학지리학 연구: 소설 〈토지〉 속 평사리를 중심으로」, 『지리교육논집』 55, 서울대학교 지리교육과, 2011, 1~16쪽.

롤랑 부르뇌프·레알 윌레 공저, 『현대소설론』, 김화영 편역, 문학사상사, 1986.

미하일 바흐찐, 『장편소설과 민중언어』, 전승희 외 옮김, 창작과비평사, 1994.

박경리, 『일본산고(日本散考)』, 마로니에북스, 2013.

박상민, 「박경리 〈토지〉 연구의 통시적 고찰」, 『한국근대문학연구』 제31호, 한국근대문학회, 2015, 279~319쪽.

방금단, 「통영-그리움의 서사: 〈김약국의 딸들〉, 〈파시〉를 중심으로」, 『돈암어문학』 25호, 돈암어문학회, 2012, 213~242쪽.

이상진, 「일제하 진주 지역의 역사와 박경리의 〈토지〉」, 『현대문학의연구』 27, 한국문학연구학회, 2005, 95~131쪽.

―――, 「자유와 생명의 공간, 〈토지〉의 지리산」, 『현대소설연구』 37, 한국현대소설학회, 2008, 277~300쪽.

──, 「〈토지〉 속의 만주, 삭제된 역사에 대한 징후적 독법」, 『현대소설연구』 24, 한국현대소설학회, 2004, 231~256쪽.
──, 「〈토지〉에 나타난 동아시아 도시, 식민주의와 물질성 비판」, 『현대문학의 연구』 37, 한국문학연구학회, 2009, 385~413쪽.
──, 「〈토지〉의 공간과 역사적 상상력」, 『본질과 현상』 23, 본질과 현상, 2011, 128~141쪽.
──, 「〈토지〉의 평사리 지역 형상화와 서사적 의미」, 『배달말』 37, 배달말학회, 2005, 262~287쪽.
이승윤, 「〈토지〉에 나타난 식민지 경성의 문화와 근대성의 경험」, 『현대문학의 연구』 35, 한국문학연구학회, 2008, 303~333쪽.
이진우, 『도덕의 담론』, 문예출판사, 1997.
정현기 외 공편, 『토지 비평집 2. 한·생명·대자대비』, 솔출판사, 1995.
──, 『〈토지〉 비평1. 恨과 삶』, 솔출판사, 1994.
조윤아, 「박경리 소설에 나타난 통영 공간의 상상력」, 『비평문학』 32, 한국비평문학회, 2009, 305~327쪽.
──, 「박경리 〈토지〉의 공간 연구」, 『현대문학의 연구』 21, 한국문학연구학회, 2003, 287~326쪽.
최유찬 외, 『한국 근대문화와 박경리의 〈토지〉』, 소명출판, 2008.
최유찬, 『〈토지〉를 읽는다』, 솔출판사, 1996.
카를로 진즈부르그, 「미시사 : 내가 알고 있는 몇 가지 것들」, 『역사연구』 제7호, 역사학연구소, 2000, 223~270쪽.
태혜숙 외, 『한국의 식민지 근대와 여성공간』, 여이연, 2004.
허연실, 「박경리 〈토지〉에 나타난 '민족모성'과 비체 ─유인실의 '주체되기'를 중심으로」, 『현대문학이론연구』 53권, 현대문학이론학회, 2013, 341~361쪽.

『土地』와 공간

ⓒ 토지학회, 2015

초판 1쇄 인쇄일 | 2015년 9월 25일
초판 1쇄 발행일 | 2015년 9월 30일

지은이 토지학회
발행인 이상만

펴 낸 곳 | 마로니에북스
주   소 | (03086) 서울특별시 종로구 대학로12길 38
전   화 | 02)741-9191(대) 02)744-9191(편집부)
팩   스 | 02)3673-0260
홈페이지 | www.maroniebooks.com
I S B N | 978-89-6053-377-6
         978-89-6053-376-9(세트)

• 책값은 뒤표지에 있습니다.
• 이 책에 수록된 글과 그림은 저작권법에 의해 보호받는 저작물이므로 무단 전재 및 복제를 금합니다.
• 잘못된 책은 구입하신 서점에서 바꾸어 드립니다.